Dem lieben Heiner
von Gina
Weihnachten 2011

An Weihnachten sind wir zu Hause

Christoph Birnbaum

An Weihnachten sind wir zu Hause

Feldpostbriefe
aus dem Russlandfeldzug
1941
(„Unternehmen Barbarossa“)

Brandenburgisches Verlagshaus

Impressum

Mathias Lempertz GmbH
Hauptstraße 354
53639 Königswinter
Tel.: 02223 / 900036
Fax: 02223 / 900038
info@edition-lempertz.de
www.edition-lempertz.de

Autor: Christoph Birnbaum
Briefe & Bilder: Museumsstiftung Post und Telekommunikation, Berlin
Umschlagentwurf: Ralph Handmann
Satz und Layout: Petra Hammermann
Druck und Bindung: CPI books GmbH, Ulm

Printed in Germany
ISBN: 978-3-941557-99-4

Inhalt

Vorwort

Anlässlich des 70. Jahrestages des deutschen Überfalls auf die Sowjetunion widmet sich die vorliegende Publikation „An Weihnachten sind wir zu Hause“ den deutschen Kriegsvorbereitungen im Frühjahr 1941 sowie dem Kriegsverlauf vom Kriegsbeginn am 22. Juni 1941 bis zum Jahresende 1941. Die in diesem Buch veröffentlichten und in den historischen Kontext der Kriegshandlungen gesetzten Feldpostbriefe deutscher Soldaten geben einen wirklichkeitsnahen Einblick in die „Innenseite“ des Krieges.[1] Die zeitliche Authentizität dieser Ego-Dokumente ermöglicht dadurch neue Einsichten in die Kriegswahrnehmung der Soldaten.[2] Dabei wird eindrucksvoll deutlich, dass die Briefe nicht nur historische Quellen für ein breites Spektrum wissenschaftlicher Fragestellungen sind, sondern vor allem menschliche Dokumente.

Feldpostbriefe waren im Zweiten Weltkrieg das wichtigste Kommunikationsmittel zwischen Front und Heimat. Von 1939 bis 1945 transportierte die deutsche Feldpost zwischen 30 und 40 Milliarden Feldpostsendungen.[3] Niemals zuvor und niemals danach haben Deutsche in vergleichbarer Zeit mehr Briefe geschrieben. Das deutsche Briefaufkommen dieser Zeit stellt auch international die größte Briefschreibaktion der Geschichte dar. Die sowjetische Feldpost beispielsweise beförderte 1941 70 Millionen Briefe.[4] In seinem Roman „Die Lebenden und die Toten“, der als Auftakt einer Trilogie die für die Sowjetunion ersten schweren Kriegsmonate behandelt, verknüpfte der sowjetische Schriftsteller und ehemalige Frontberichterstat-

[1] Vgl. Das andere Gesicht des Krieges. Deutsche Feldpostbriefe 1939-1945. Herausgegeben von Ortwin Buchbender und Reinhold Sterz, München 1982.

[2] Vgl. Kriegsalltag. Die Rekonstruktion des Kriegsalltags als Aufgabe der historischen Forschung und der Friedenserziehung. Herausgegeben von Peter Knoch, Stuttgart 1989.

[3] Vom deutschen Feldpostaufkommen gingen ungefähr 75 Prozent in Richtung Front und 25 Prozent in Richtung Heimat. Schätzungen gehen von ca. 18 Millionen Soldaten der Wehrmacht und Angehörigen der Waffen-SS aus. Vgl. Rüdiger Overmans, Deutsche militärische Verluste im Zweiten Weltkrieg, München 1999.

[4] Vgl. www.kriegsende.aktuell.ru/feldpost

ter Konstantin Simonow 1959 die Bedeutung dieser Briefe für die sowjetischen Soldaten mit einer Kritik an der Zuverlässigkeit der sowjetischen Feldpostversorgung.

Vom Organisator der modernen Feldpost in Deutschland, Generalpostdirektor Heinrich Stephan, ist die Aussage überliefert, dass die drei Hauptbedürfnisse des Soldaten im Kriege „Pulver, Brot und Briefe" seien. Für die erfolgreiche Arbeit der Institution Feldpost im Deutsch-Französischen Krieg von 1870/71 erfuhr Stephan nach Kriegsende von Kaiser Wilhelm I. und in der Öffentlichkeit viel Lob. Auch im Ersten und besonders im Zweiten Weltkrieg wurde die Leistung der Feldpost in der Bevölkerung und von der Truppe in der Gesamtschau positiv beurteilt. An der Postversorgung der Deutschen und der Befriedigung ihres großen Kommunikationsbedürfnisses waren im Zweiten Weltkrieg 12.000 Feldpostbeamte mit 400 Feldpostämtern beteiligt. Von den Milliarden zugestellten Kriegsbriefen ist jedoch nur ein geringer Bruchteil erhalten geblieben. Sehr viele Briefe wurden schon im Krieg vernichtet. Die im Familien-, Freundes- und Bekanntenkreis zur Erinnerung aufbewahrte Feldpost reduzierte sich zudem in den 65 Nachkriegsjahren weiter.

In seinem Roman „Alles umsonst", der am Beispiel der Gutsbesitzerin Katharina von Globig die Flucht aus Ostpreußen 1945 beschreibt, erzählt Walter Kempowski eine interessante Begebenheit. Eines Abends bekommt die Hausherrin Besuch von einem älteren Philatelisten, der die von den sowjetischen Truppen bedrohte ostpreußische Provinz in der Hoffnung auf Briefmarkenschnäppchen bereist. Auf dem Tisch liegt ein Feldpostbrief ihres als Offizier in Italien stationierten Mannes Eberhard. Während des Gesprächs begeht der Gast beinahe die Indiskretion, den Brief aus dem geöffneten Umschlag zu ziehen und ihn zu lesen. Am nächsten Morgen ist der Briefmarkensammler verschwunden. Dem Feldpostbrief fehlt die Luftpostmarke.

Als Museum für Kommunikation haben wir diese „Indiskretion" vielfach begangen und die von uns gesammelten Briefe „geöffnet" und gelesen. Im Wandel vom Postmuseum zum Museum für Kommunikation erweiterte sich unser Sammlungs-, Forschungs- und Ausstellungsinteresse.

Neben den Blick auf die postalischen Beförderungsvermerke Aufschrift, Stempel und Briefmarke trat das Interesse an den kommunizierten Inhalten. Im Museum für Kommunikation Berlin befindet sich heute die größte Sammlung von deutschen Feldpostbriefen. Die über 100.000 Briefe wurden seit dem Jahr 2000 gesammelt, für die öffentliche Nutzung bereitgestellt und in Auswahl in Ausstellungen und einer Online-Datenbank im Internet präsentiert.

Die in Auszügen publizierten Feldpostbriefe stammen ausnahmslos aus der Sammlung der Museumsstiftung Post und Telekommunikation im Museum für Kommunikation Berlin. Über das große öffentliche Interesse an diesen Quellen freuen wir uns sehr. Die museale Deutungserweiterung der Kriegsbriefe als philatelistische Exponate und institutionelle Illustrationsobjekte sowie als historische Quellen und Erinnerungszeugnisse führte dazu, dass seit einigen Jahren die Feldpostbriefsammlung der von der Öffentlichkeit am meisten nachgefragte Museumsbestand ist. Besonders der historischen Forschung, die sich seit den frühen 1980er Jahren zunehmend mit der Quelle Feldpost befasst, gab unsere Briefsammlung in den letzten Jahren als wertvoller Quellenfundus neue Impulse.[5]

Schreiben im Krieg war und ist zugleich auch immer Schreiben vom Krieg. Der Feldpostbrief hatte in erster Linie Signalfunktion. Er war Lebens-, Überlebenszeichen. Er diente weiter zur Bestätigung der sozialen Beziehungen. Feldpostbriefe sind somit „fixierte Alltags-Kommunikation“.[6] In den Briefen werden sehr häufig vergangene und zukünftige Gemeinsamkeiten thematisiert. Die Korrespondenz beschreibt die unterschiedliche Welt der Heimat und der Front. Die Soldaten schrieben an ihre Frauen und Mütter, Familien, Freunde und Bekannten über ihre Hoffnungen und Erwartungen, ihre Sicht auf den Krieg und den Gegner.

Dem intensiven Kommunikationsbedürfnis standen die Beschränkungen der Beschreibung gegenüber. Es gab die Feldpostzensur mit ihren rigiden Vorgaben der militärischen Geheimhaltung und dem ideologisch-drakoni-

[5] Vgl. Schreiben im Krieg. Schreiben vom Krieg. Feldpost im Zeitalter der Weltkriege. Herausgegeben von Veit Didczuneit, Jens Ebert und Thomas Jander, Essen 2011.

[6] Vgl. Clemens Schwender, Formale und inhaltliche Erschließung von Ego-Dokumenten aus dem Zweiten Weltkrieg – Erfahrungen aus der Feldpostsammlung Berlin, in: Alltagsleben biografisch erfassen. Zur Konzeption lebensgeschichtlich orientierter Forschung. Herausgegeben von Manfred Seifert und Sönke Friedreich, Dresden 2009, S. 79ff.

schen Straftatbestand der „Wehrkraftzersetzung“. Darüber hinaus definierte das NS-Regime die Feldpost als Waffe. Vor allem aufmunternde Briefe sollten geschrieben werden. Ebenso beeinträchtigten die unterschiedlichen Erwartungshaltungen an die Mann-Frau-Beziehung das Schreiben und natürlich auch die allgemeine Fähigkeit, sich schriftlich auszudrücken. In der Diskrepanz zwischen real Erlebtem und der schriftlichen Fixierung ihrer Kriegserlebnisse wandten die soldatischen Briefschreiber diverse Schreibstrategien an.[7]

Neben der Flucht in die Alltäglichkeit von Unterbringung, Verpflegung, Wetter und Medienunterhaltung finden wir in der Mehrheit der Briefe auch Kriegsbeschreibungen, die den Tod, das Leid, die Angst und die Gefahr sowie die Verbrechen verschweigen oder verharmlosen, z. T. aber auch poetisieren, in Phrasen fassen oder zur Imagepflege nutzen. Feldpostbriefe sind somit Zeitzeugen des Krieges, die es quellenkritisch zu interpretieren gilt.

Ich wünsche dem Buch eine breite, interessierte Leserschaft und schließe mich mit der Bitte um Schenkung von Feldpostbriefen an die Sammlung der Museumsstiftung Post und Telekommunikation dem Leitspruch des Heeresgeschichtlichen Museums Wien an: „Kriege gehören ins Museum!“

Dr. Veit Didczuneit
Leiter der Abteilung Sammlungen im Museum für Kommunikation Berlin

[7] Vgl. Isa Schikorsky, Kommunikation über das Unbeschreibbare. Beobachtung zum Sprachstil von Kriegsbriefen. In: Wirkendes Wort, 1992, Heft 2, S. 295ff.

„Die Welt wird den Atem anhalten“

„Wenn Barbarossa steigt, wird die Welt den Atem anhalten und sich still verhalten“, hatte Hitler seinen Generälen zugerufen. Das war rund ein Jahr vor jenem 22. Juni 1941, an dem die Welt wirklich den Atem anhielt. Denn wenige Daten haben auf den Verlauf des Zweiten Weltkriegs einen so entscheidenden Einfluss ausgeübt wie jener Tag, der sich in diesem Jahr zum 70. Mal jährt. Doch während wir heute im Zeitalter des Internets bei jedem Krieg live über Youtube, CNN, Facebook oder Twitter unmittelbar mit dabei sind und Zeugen vieler schrecklicher Ereignisse werden, finden sich für die Zeit des Zweiten Weltkrieges immer weniger Menschen, die uns noch sagen können, was sie selbst oder junge Soldaten damals dachten und fühlten, was sie wussten und vor allem auch sahen. Umso wichtiger sind die Briefe, die diese jungen Soldaten von der Front nach Hause – an ihre Frauen, Eltern und Verwandten – schrieben. Es sind unersetzliche Dokumente. Hier sprechen die unmittelbar Betroffenen oftmals erstaunlich offen über ihre Fronterlebnisse, ihre Gefühle und Gedanken. Diese Zeitzeugen sollen deshalb hier ausführlich zu Wort kommen, eingebettet in die Chronologie der Ereignisse der zweiten Jahreshälfte 1941 – der Wochen und Monate, die maßgeblich über den weiteren Verlauf des Krieges entschieden.

Denn alles begann an eben jenem 22. Juni 1941. Genau um 3:15 Uhr starteten die deutschen Truppen und die der Achsenmächte ihren Angriff auf Russland. Wenige Minuten später, um 4 Uhr morgens, überreichte der deutsche Botschafter in Moskau, Graf von der Schulenburg, dem sowjetischen Außenminister Molotow ein Schreiben, in dem zwar das Wort „Kriegserklärung“ fehlte, der Einfall nach Russland aber dennoch gerechtfertigt wurde. Zu diesem Zeitpunkt bombardierten deutsche Flugzeuge schon sowjetische Städte und deutsche Soldaten hatten die Grenzen zur UdSSR bereits überschritten. Eineinhalb Stunden später, um Punkt 5:30 Uhr, verkündete Reichspropagandaminister Joseph Goebbels über den Rundfunk eine „Proklamation des Führers an das deutsche Volk“. Um 6:00 Uhr morgens informierte Reichsaußenminister Joachim von Ribbentrop die internationale Presse vom deutschen Vorstoß.

Bis dahin waren bereits mehr als drei Millionen deutsche Soldaten und nahezu eine halbe Million Soldaten verbündeter Mächte auf dem Vormarsch Richtung Osten. Mit einem Schlag war der bisher mehrheitlich auf Mitteleuropa konzentrierte Krieg nach dem Angriff auf Polen 1939, der Besetzung Dänemarks und Norwegens im April 1940, dem siegreichen „Westfeldzug" gegen Frankreich, die Niederlande und Belgien im Mai/Juni 1940 sowie den von Mussolini angezettelten Parallelkriegen auf dem Balkan und in Afrika zu einem europäischen Großkonflikt geworden. Der letzte große kontinentale Gegner sollte endgültig ausgeschaltet werden. Vom hohen Norden – in Finnland – bis tief in den Süden – in Rumänien und Bulgarien am Schwarzen Meer – traten die Truppen der Achsenmächte zum Angriff an. Eine unvorstellbare Militärmaschinerie setzte sich in Bewegung. Ja, eigentlich weitete sich im Jahr 1941 der Krieg in Europa mit dem japanischen Überfall auf Pearl Harbor am 7.12.1941, dem Kriegseintritt der USA und Hitlers Kriegserklärung an die Vereinigten Staaten am 11.12.1941 zum eigentlichen Weltkrieg aus.

Was heute unvorstellbar erscheint, war damals rationales Kalkül. Die bis Ende 1941 erwartete Niederlage der Russen sollte Großbritannien zu einem Kompromissfrieden zwingen und die machtpolitische Grundlage für den eigentlichen Kampf Hitlers um die Weltherrschaft gegen die USA bereiten. Doch die Rechnung Hitlers ging nicht auf: Auf einmal standen die drei großen Welt- und Seemächte der damaligen Zeit – UdSSR, die USA und Großbritannien – Deutschland gegenüber und verbündeten sich über alle ideologischen Grenzen hinweg. Vom 22. Juni 1941 führt so ein direkter Weg zum 8. Mai 1945, dem Tag der bedingungslosen Kapitulation Deutschlands.

Dabei war das „Unternehmen Barbarossa", so der Codename, bereits von langer Hand vorbereitet worden. Schon im Juli 1940 war der Angriff auf Russland von Hitler beschlossen worden. Am 18. Dezember 1940 erließ er die berühmte Weisung Nr. 21 mit dem Wortlaut: *„Die Deutsche Wehrmacht muss darauf vorbereitet sein, auch vor Beendigung des Krieges gegen England Sowjetrussland in einem schnellen Feldzug niederzuwerfen."* Von da an wurden die ersten konkreten Planungen umgesetzt. Dabei war von Anfang an klar: Dies sollte kein „normaler" Feldzug werden. Im Osten ging es um einen „Kampf zweier Weltanschauungen". Hier kämpften Gut gegen Böse, auf der Suche nach „neuem Lebensraum" für die „arische Rasse". Und es sollte ein Vernichtungskrieg werden, der an Brutalität alles bisher Dagewesene in den Schatten stellen sollte. Bereits im März 1941 hatte Hitler bei einer Ansprache vor hohen Offizieren keinen Hehl aus seinen Absichten gemacht. *„Wir müssen vom Standpunkt des soldatischen Kameradentums abrücken. Der Kommunist ist vorher kein Kamerad und nachher kein Kamerad. Es handelt sich um einen Vernichtungskampf. Wenn wir es nicht so auffassen, dann werden wir zwar den Feind schlagen, aber in 30 Jahren wird uns wieder der kommunistische Feind gegenüberstehen."*

Dieser Gedanke, der später im so genannten „Kommissarbefehl" vom 6. Juni 1941 mündete, findet sich auch in dem einen oder anderen Feldpostbrief wieder, wie wir später noch sehen werden. Immer wieder versuchte Hitler, seinen Wehrmachtsoffizieren diesen Gedanken einzutrichtern. Der letzte dieser „Befehlsempfänge" von hohen Offizieren bei Hitler fand laut dem Tagebuch des Oberkommandos der Wehrmacht (OKW) am 14. Juni 1941, gut eine Woche vor Angriffsbeginn, statt. Wie immer fasste Hitler dabei in einer längeren Ansprache noch einmal seine Gründe zum Angriff auf die Sowjetunion zusammen. Er hoffte, dass die Niederwerfung Russlands auch Großbritannien zum Einlenken bewegen würde.

Dabei sollte Deutschland, so Hitlers Idee, den Kampf gegen Russland nicht alleine führen. Bereits in der Weisung Nr. 21 ging Hitler von der Annahme aus, dass sich sowohl Rumänien als auch Finnland am Ostfeldzug beteiligen würden. Doch obwohl General Antonescu schon sehr frühzeitig zu erkennen gegeben hatte, dass sein Land an der Seite Deutschlands zum Kriege bereit sei, weihte ihn Hitler erst am 12.6.1940 näher in die geplanten Operationen ein. Mit Finnland fanden erste Besprechungen auf der Ebene des Oberkommandos des Heeres (OKH) und dem finnischen Generalstab erst Ende Januar 1941 statt, nachdem die Wehrmachtführung seit Herbst 1940 vorsichtig sondiert hatte. Am 25.5.1941 erfuhr der finnische Generalstab nähere Einzelheiten zur deutschen Offensive gegen Russland. Die anderen Staaten, die sich ab Ende Juni 1941 am Feldzug gegen die Sowjetunion beteiligten – Italien, die Slowakei, Ungarn und Kroatien –, wurden erst nach Beginn der Offensive darum gebeten. So wurde die italienische Führung erst in der Nacht vom 21./22.6.1941 von Hitlers Plänen unterrichtet und aufgefordert, militärische Kontingente zur Verfügung zu stellen.

Einen Tag vorher, in der Nacht vom 20./21. Juni, so heißt es im Tagebuch des OKW lapidar, war das Stichwort „Dortmund" ausgegeben worden. Das bedeutete, dass der Angriffsbeginn für das „Unternehmen Barbarossa" endgültig für den 22. Juni angesetzt worden war – fünf Wochen später als ursprünglich geplant. Der Grund für die Verzögerung war der Balkanfeldzug, der zuvor deutsche Truppenteile gebunden hatte. *„Der Befehl wird an die Heeresgruppen weitergeleitet. Das Aufschließen in die Bereitstellungsräume verläuft planmäßig"*, lautet der nächste Eintrag im OKW-Tagebuch. Daraufhin setzten sich am 22. Juni drei große Heeresgruppen in Bewegung. Sie bildeten die vorrangigen Angriffskeile auf einer mehr als 2.100 Kilometer langen Front.

In Ostpreußen rückte die Heeresgruppe Nord unter dem Oberbefehl von Generalfeldmarschall Ritter von Leeb zusammen mit der 18. und der 16. Armee sowie der Panzergruppe 4 nach vorne. Ihnen zur Seite stand die Luftflotte 1 unter dem Kommando von Generaloberst Keller. Ziel war Leningrad. Parallel dazu griffen die Finnen unter Feldmarschall Mannerheim mit insgesamt 18 Divisionen entlang einer gut 1.100 Kilometer langen Frontlinie in die Kämpfe ein. Sie wurden dabei durch das Gebirgskorps von General Dietl unterstützt, das dem Oberbefehlshaber der „Armee Norwegen", Generaloberst Falkenhorst, unterstellt war.

Im Zentrum der Front sollte die Heeresgruppe Mitte unter Generaloberst von Bock wiederum in Richtung Smolensk und Moskau vorstoßen. Sie umfasste die Panzergruppen 2, 3, 4, 9 und die 2. Armee, die wiederum durch die 2. Luftflotte von Generalfeldmarschall Kesselring gedeckt und unterstützt wurde.

Besonders verstärkt worden war die Heeresgruppe Süd. Sie hatte die Einnahme der Ukraine zum Ziel. Kommandiert wurde sie von Generalfeldmarschall von Rundstedt. Neben der 11., 17. und 6. Armee, der Panzergruppe 1 sowie der 3. und 4. rumänischen Armee wurde sie zusätzlich noch von zwei motorisierten und einer berittenen ungarischen Brigade, zwei slowakischen Infanterie-Divisionen und einer motorisierten slowakischen Brigade unterstützt. Ab August verstärkten zudem drei Divisionen des XXXV. Expeditionskorps der Italiener die gewaltige Streitmacht.

Alles in allem traten so an jenem 22. Juni 1941 190 Divisionen zum Angriff an, unterstützt durch 15 selbstständig operierende Brigaden. 600.000 Fahrzeuge aller Art, 3.580 Panzer, gut 7.000 Geschütze, 1.160 Flugzeuge sowie 720 Jäger und 120 Aufklärungsmaschinen umfasste die gewaltige deutsche Militärmaschinerie und die ihrer Verbündeten. Nicht vergessen darf man jedoch, dass die Wehrmacht beim Nachschub noch immer vor allem auf pferdebespannte Fuhrwerke zurückgriff. So gehörten auch 600.000 Pferde zur ersten Angriffswelle der drei Heeresgruppen.

Ihnen gegenüber standen auf sowjetischer Seite rund 170 Divisionen, die ihre Stellungen im von der UdSSR besetzten Teil Polens zum Teil gerade erst bezogen hatten. Trotz vielfacher Warnungen wurden die Sowjets überrascht. Stalin, zutiefst misstrauisch, hatte alle Geheimdienstberichte bezüglich eines deutschen Truppenaufmarschs ignoriert. Die Folgen mussten seine Soldaten erleiden. Sie waren in drei „Fronten" aufgeteilt: der „Nordwestfront", der „Westfront" und der „Südwestfront". Später kam noch die „Nord-" und die „Südfront" um Leningrad und Odessa hinzu. Der Großteil der russischen Truppen stand dabei relativ grenznah den Streitmächten der Achsenmächte gegenüber.

Wie aber erlebten die einzelnen deutschen Soldaten diesen neuen, in vielfacher Hinsicht vorher unvorstellbaren Krieg im Osten? Was dachten sie? Was erhofften sie sich und was befürchteten sie? Um diese Fragen zu beantworten, sind Feldpostbriefe eine immer noch nur unzureichend erschlossene, aber wertvolle, weil authentische historische Quelle. Einzelne Briefe und Aufzeichnungen von Soldaten aus allen Frontabschnitten werfen dabei ein sehr persönliches Schlaglicht auf die Situation von damals. Das Schicksal der Autoren, die durch ihre jeweiligen Feldpostnummern leicht entsprechenden Einheiten zuzuordnen sind, wird dabei im Folgenden genauso nachgezeichnet wie die offizielle Darstellung des Kampfgeschehens – vornehmlich entlang der Eintragungen im Tagebuch des Oberkommandos der Wehrmacht.

Euphorie und Zuversicht nach den Siegen im Westen und durch Rommels Afrikakorps im weit entfernten Libyen wechselten sich dabei in den Briefen anfangs ab mit ersten Eindrücken aus dem unmittelbaren deutschen Vormarsch im Osten – durch den von der UdSSR besetzten Teil Polens, durch Rumänien, Bulgarien und die Ukraine. Was danach folgte, waren die ersten Eindrücke aus der Sowjetunion selbst. Denn auch hier schien bei dem schnellen Vorstoß vor allem der deutschen Truppen den Achsenmächten wieder einmal das Kriegsglück hold zu sein. Die deutschen Panzerarmeen rückten in einem geradezu atemberaubenden Tempo vor. In zwei großen Kesselschlachten im mittleren Frontabschnitt wurden bereits in den ersten Kriegstagen mehr als 300.000 sowjetische Soldaten eingeschlossen. In einer Abfolge weiterer großer Kesselschlachten stürmte daraufhin vor allem die auf fünf Armeen verstärkte Heeresgruppe Mitte tief nach Russland hinein und eroberte Städte wie Orscha und Smolensk. Schon bald standen die

Deutschen – wie einst Napoleon – dicht vor den Toren Moskaus. „*Zu Weihnachten (1941) sind wir wieder zu Hause*“ notierten damals nicht wenige Offiziere und Soldaten voller Optimismus aufgrund der Erfolge in ihre Tagebücher und Feldpostbriefe. Und auch der Generalstabschef des deutschen Heeres, General Halder, schrieb am 3. Juli, knapp zwei Wochen nach dem Einmarsch, geradezu euphorisch in sein Tagebuch: „*Es ist also wohl nicht zu viel gesagt, wenn ich behaupte, daß der Feldzug gegen Russland innerhalb von 14 Tagen gewonnen wurde.*“ Eine trügerische Hoffnung, die bereits im Dezember 1941 – ein halbes Jahr nach dem Beginn des Russlandfeldzuges – gänzlich verflogen sein sollte. Kurz vor Weihnachten ließ Hitler den gesamten Truppenaufmarsch der Achsenmächte im Osten stoppen. Und die Sowjets gingen zum Gegenangriff über.

Dieser Band behandelt die Geschehnisse vom Frühjahr bis zum Dezember 1941. Eine Zeit, in der sich das Schicksal Deutschlands nicht unwesentlich vor den Toren Moskaus entscheiden sollte und in der der anfängliche Optimismus unter den deutschen Soldaten einer wachsenden Verzweiflung Platz machte, die schon bald ihren Ausdruck im Namen einer einzigen Stadt finden sollte: Stalingrad.

Wehrmachtssoldaten bei der Ausgabe von Feldpostsendungen vor einem Feldpostamt

Der geheime Truppenaufmarsch im Osten

Dabei fing alles eher gemächlich an. Der Sommer 1940 und die Jahreswende 1941 waren eine Zeit des Wartens. Was würde der Krieg an Unvorhergesehenem bringen? An kleinen Niederlagen und großen Triumphen? Sicher, die „Luftschlacht um England" tobte über dem Kanal, über England und einzelnen deutschen Städten, die in Reichweite der britischen Bomber lagen. Und noch war nicht abzusehen, wie sie ausgehen würde. Doch die Triumphe der vorhergehenden Wochen und Monate waren umso größer: Am 22. Juni 1940 unterschrieben Deutschland und Frankreich den Waffenstillstand in Compiègne – ausgerechnet dort, wo Deutschland im Ersten Weltkrieg seine größte Niederlage erlebt hatte. Und hatte die Wehrmacht nicht 1940 in einem beispiellosen militärischen Waffengang im Westen einen fast gleich starken Gegner in Holland, Belgien und Luxemburg überrannt, Frankreich zur Kapitulation gezwungen und die Briten vom Kontinent vertrieben?

Seit 1935 war Adolf Hitler von einem politischen Erfolg zum anderen geeilt. Nun war er auch noch in drei Feldzügen siegreich geblieben! Das muss man sich heute vor Augen führen, um zu verstehen, was in den Köpfen vieler Soldaten in den folgenden Wochen und Monaten vor sich ging.

Doch zuerst hieß es im Osten: Warten. Und tagelanges Reisen per Eisenbahn, anschließende Verladung auf Lastwagen und endloses Marschieren. Der Russlandfeldzug war – bevor er losbrach – in erster Linie eine Frage der Logistik und der intakten Infrastruktur. Nicht nur an der deutsch-sowjetischen Grenze im besetzten Polen, auch auf dem Balkan rückten die Deutschen vor. Truppenteile wurden aus allen Teilen des Reiches in ihre Bereitstellungsräume verlegt. Tief gestaffelt. Und überall wurde repariert: Straßen, Schienenwege, Brücken – alles, was durch vorherige Kriegsaktivitäten zerstört oder beschädigt worden war, musste wieder instand gesetzt werden, um cinen schnellen Vorstoß in Richtung Osten zu gewährleisten.

Das dafür nötige „bevorzugte Wehrmachtsprogramm" zum forcierten Ausbau von Gleisanlagen und Straßen – bereits am 25. Juli 1940 in einem Befehl des OKW erwähnt – trug den Namen „Otto". Es sah vor allem den Ausbau der Gleisanlagen und Straßen im besetzten Teil Polens vor, um schnelle Truppen- und Panzertransporte an die Ostgrenze zu ermöglichen. Mit der Konzeption dieses Programms hatte der Chef des Generalstabs,

Franz Halder, seinen Stab beauftragt, denn es war klar, dass der Aufmarsch des deutschen Heeres in erster Linie per Eisenbahn erfolgen musste. Doch die Kapazitäten der polnischen Zugstrecken reichten dafür nicht aus. Allein 8.500 Kilometer Eisenbahnstrecke mussten deshalb ausgebaut werden. Für die Verlegung der Einheiten wurden insgesamt 17.000 Transporte in vier großen Staffeln durchgeführt. Es sollte der größte Militärtransport per Eisenbahn aller Zeiten sein.

In der schon erwähnten „Weisung" des „Führers" vom 18. Dezember 1940 hatte Hitler das OKW auf den Russlandfeldzug vorbereitet.

„Das Heer wird hierzu alle verfügbaren Verbände einzusetzen haben mit der Einschränkung, daß die besetzten Gebiete gegen Überraschungen gesichert sein müssen. (...) Die im westlichen Rußland stehende Masse des russischen Heeres soll in kühnen Operationen unter weitem Vortreiben von Panzerkeilen vernichtet, der Abzug kampfkräftiger Teile in die Weite des russischen Raumes verhindert werden. (...)"

Ein Jahr später, am 17. Januar 1941, heißt es im Tagebuch des OKW: *„Der Chef des Wehrmachttransportwesens teilt mit: Für das Unternehmen „Barbarossa" seien die Eisenbahnvorbereitungen planmäßig angelaufen. Mit Beginn des Aufmarsches würden auf jeder der vorgesehenen Aufmarschlinien täglich 36 Züge laufen. Da sich bei Durchführung des Unternehmens „Barbarossa" der Maschinen- und Waggonmangel steigern werde, müsse das Aufbauprogramm der Reichsbahn eine entsprechende Verstärkung erfahren. Von den insgesamt 8500 km Straßen im Ostraum, die für stärkste Beanspruchung hergerichtet werden müssten, seien bisher zwei Fünftel zweispurig und ein Fünftel einspurig fertig gestellt."* Am 26. Februar findet sich die Notiz: *„Für 'Barbarossa' sind die ersten Transportbewegungen eingeleitet."*

Einer der vielen, die in diesen Wochen und Monaten in Richtung Osten verlegt wurden, war Gustav Böker aus Oberg in Niedersachsen, Jahrgang 1920. Wenige Tage vor Ausbruch des Krieges begann Böker seinen Wehrdienst beim Heer. Während der Zeit seines Einsatzes wurde er Angehöriger der Panzerjäger-Abteilung 111 bzw. der schweren Panzerjäger-Abteilung A

(beide 111. Infanterie-Division), einer Einheit, die 1941 im niedersächsischen Fallingbostel aufgestellt worden war. Von dort ging es über Cottbus nach Kielce im Südosten Polens, rund 100 Kilometer von Krakau entfernt und etwa 130 Kilometer südöstlich von Lodz.
Am 20.4.1941 schreibt er seiner Familie:

Ihr Lieben!

Nachdem ich in meiner neuen Heimat glücklich gelandet bin, will ich einmal etwas Näheres berichten. Hoffentlich habt Ihr den Brief, den ich von Cottbus aus geschrieben habe, erhalten. So lange wie wir vorher dachten, hatte die Reise dann doch nicht mehr gedauert. Am Donnerstagmittag kamen wir hier im Polenland an. Von Cottbus aus ging die Fahrt weiter über Breslau - Oppeln nach Kielce, welches in der Nähe von Radom liegt. Wir liegen in einer neuen Landwirtschaftsschule, die erst neu fertig gestellt war. Hier liegen wir mit der 2. Kp. zusammen. Der Ort, in der Nähe wir liegen heißt: Bielogon, dieser wieder liegt ungefähr 7 km von Kielce. Eine tolle Gegend ist hier. Ich habe es bestimmt nicht für möglich gehalten, daß die Polen so ein schmutziges Volk sind. Die hausen in Holzbaracken. Hierin hausen dann ungefähr 8 Menschen auf engem Raum. Augenblicklich bauen wir eine breite Straße von unserem Heim zum Dorf, damit wir mit unseren Fahrzeugen nicht immer steckenbleiben. Hieran helfen auch 15 Judenjungen mit, die es in dieser Gegend viel gibt. Wasser holen wir von einem Fluß, der Kielce heißt, da wir keine Wasserleitung haben. Gestern haben wir ein paar Stunden Wasser für unsere Dampfheizung getragen.

Heute an Hitlers Geburtstag ist unser neues Heim eingeweiht. Es heißt: „Zum Arsch der Welt“. Am Sonnabend haben wir Kielce besucht und uns die Stadt angesehen. Dort gibt es 1 Soldatenheim und mehrere andere Lokale, die wir besuchen dürfen. Kino ist dort auch für uns. Wir rechnen jetzt nur noch mit Zloty. Jetzt bekommen wir 30 Zloty = 15 Rm alle 10 Tage. Hier ist alles mächtig teuer.
Ich liege auf einem Raum mit ungefähr 30 Mann zusammen, dieses ist der1. Zug. Betten haben wir, nur keine Spinte. Wir haben alles in Packtaschen u. das notwendigste auf einem Brett auf dem Bett. Schön ist es zwar nicht, aber man gewöhnt sich dran. Sonst ist alles in Ordnung.
Es grüßt Euch nun

Euer Gustav.

Um die restlichen Wochen bis zum Angriff zu nutzen, wurden kleinere und größere Manöver und Übungen abgehalten, um den Kampf im Verbund der verschiedenen Truppenteile zu üben. Währenddessen wurde in den Kommando- und Befehlszentralen hektisch an der Umsetzung der Pläne für das „Unternehmen Barbarossa“ gearbeitet. R. B., der Schreiber des folgenden Feldpostbriefes, kam ebenfalls im Jahr 1920 im niedersächsischen Osterkappeln zur Welt. Er stammte aus einem evangelischen Haushalt. Zur Wehrmacht wurde B. 1940 eingezogen. Beim Heer kam er zu den Pionieren und wurde im Laufe des Kriegsdienstes immer wieder in neue Verbände abkommandiert. Unter anderem war er Angehöriger des Pionier-Bataillons 31 (31. Infanterie-Division) und des Pionier-Bataillons 362 (362. Infanterie-Division). Am 2. März 1941 schreibt er mit der Ortsmarke „im Osten“:

Meine Lieben!

(...) Donnerstag u. Freitag hatten wir eine zweitägige Bataillonsübung. Wie sind von hier Donnerstag früh abmarschiert u kamen am Spätnachmittag nach einem 35 km Marsch in unserem Quartier an. Feldmarschmäßig mit sämtlichen Fahrzeugen ging es über äußerst schlechte Wege, die mit den Feldwegen in Schwagstorf zu vergleichen waren. Da es nun gefroren hatte, konnte man auf ausgefahrenen Wegen nur rechts u. links im Gänsemarsch laufen. In einem größeren Orte wurde mittags die Feldküche auf den Marktplatz aufgestellt und zugweise konnte dann die gute Erbsensuppe gefaßt werden. Ihr könnt Euch sicher denken, daß nach einem Marsch von gut 17 km der Fraß schon schmeckte, und das tat er auch wirklich.
An der Dorfpumpe, die noch dick mit Stroh umwickelt war, das vor dem Einfrieren schützen sollte, wurden die Kochgeschirre gesäubert u. bald danach ging's wieder weiter dem Ziel entgegen. Der Weg verschlechterte sich immer mehr und zum Schluß sind wir einfach über die Felder gegangen. Die Füße brannten nicht schlecht, das MG drückte auf der Schulter, am Koppel klapperten Schanzzeug und Kochgeschirr, doch es geht in forschen Schritt weiter durch eintönige langweilige Landschaft. Ab und an rechts und links der Straße Häuser, strohbedeckte Blockhäuser und Lehmhütten.
Auf einem Gut abseits der Straße wird die Feldküche aufgefahren, in kurzer Pause kann Kaffee gefasst werden. Alles legt sich aufs Stroh in dem geräumigen Fahrhaus. Die Fußkranken werden in einem bereitgestellten Zimmer behandelt. Ein Kradfahrer meldet, daß wir in einem nahen Gut Quartier beziehen können. Nun geht es quer über Wiesen und Felder. Nach kurzem Marsch waren im warmen Quartier. Jeder Zug bekam ein Zimmer zugewiesen, das mit einer dicken Schicht Stroh ausgelegt wurde, worauf es sich nach dem

*einfachen, doch kräftigen Abendbrot gut schlafen ließ.
Doch lange sollte die Ruhe nicht währen, um 2 Uhr ging's wieder raus u. weiter. Auf Lastkraftwagen wurden wir in die Nähe der Warthe gebracht. Die kalte Nachtluft war gerade nicht sehr angenehm. In einem Park hatten wir nun bis auf weitere Befehle zu warten. Da wir keine Mäntel zur Stelle hatten, diese waren vorher auf einem Wagen verladen, froren wir nicht schlecht. Schließlich konnte ein Stall ausfindig gemacht werden, in dem wir den Befehl zum Einsatz erhielten. Unsere Kompanie bildete die Spitze eines Infanterieregiments und musste das feindliche Ufer der Warthe mit Artillerieunterstützung besetzen. Floßsäcke wurden in Bereitstellung gebracht u. nach einem Feuerkampf ging's im Morgengrauen über den Bach. In einer künstlichen Einnebelung hatte der Feind die Flucht ergriffen. Wir gingen an einer Höhe in Stellung. Damit war unsere Aufgabe erfüllt. Als der Hornist die Übung abblies, war es noch früh am Morgen. Schnell wurde alles Gerät verladen, nach einer Stärkung in der nahen Stadt konnten auch wir die Wagen besteigen, die uns unserem Standort entgegenfuhren. Die letzten 20 km mussten wir wieder auf Schusters Rappen zurücklegen. So kamen wir Freitagnachmittag müde in unserem Lager an, und waren froh wieder in ordentlichen Betten pennen zu können. Die ganze Sache habe ich ganz gut überstanden, nur als ich zum Schluß meine Füße besah, war da eine nette Blase zu sehen, die jedoch schon wieder beseitigt ist. Sonst ist mit mir alles in Ordnung. Die Wurst von Möller war prima, hat gut geschmeckt. Habt Ihr eigentlich die Batterien erhalten? Das Wetter ist wohl ähnlich wie bei Euch bald Schnee, bald Sonnenschein. Alles ist voller Dreck und Matsch, da hat man viel Arbeit mit Putzen und Säubern.
Es grüßt Euch recht herzlich*

Euer Reinhard.

Ähnlich erging es Anton Böhrer, der aus dem nordbadischen Dorf Höpfingen stammte. Er wurde zum Jahresbeginn 1941 zur Wehrmacht eingezogen und diente im Artillerieregiment der 221. Infanterie-Division. Sie wurde am 26. August 1939 in Breslau aufgestellt und war im „Westfeldzug“ am Oberrhein bei Colmar im Einsatz. Später diente er bei der 294. Infanterie-Division, die Teil des XI. Armeekorps und der 2. Armee war. Im Mai stand seine Einheit auf dem Balkan, in Jugoslawien. Doch einen Monat später würde er bereits in Polen sein und in den Süden Russlands vorrücken. Ahnte er, was ihm bevorstand? Vielleicht. Doch zuerst einmal richtete sich sein Blick nach England. Würde es der deutschen Luftwaffe gelingen, die Royal Air Force zu besiegen und die Briten dadurch zum Einlenken zu bewegen?
Am 11. Mai 1941 schreibt er seiner Familie:

Meine Lieben!
(...) Meinen Geburtstag habe ich äußerst ruhig gefeiert, denn es gab kaum Bier u. der scharfe Wurca schmeckt nicht mehr so gut. Am gleichen Tag kam ich von meinem Vorkommando zurück in die alte Kaserne, wo es natürlich viel besser ist als in dem ewigen Dreck. Wann wir natürlich von hier scheiden müssen weiß man nicht. In Russland scheint es nun ruhiger zu sein, wenn man das letzte Dementi der Tass berücksichtigen darf. Unsere Truppen liegen nun in fast allen europäischen Ländern und es ist kaum anzunehmen, daß wir noch außer England in Europa noch mehr Staaten besetzen werden. Was schreibt Becke Franz aus Jugoslawien? Und wer

steckt eigentlich in Afrika? Im Irak geht es nun richtig los, doch scheinen die Engländer auch dort wenig Glück zu haben sonst wären wohl die Panzerangriffe von Erfolg gewesen. Heute war wieder ein Großangriff auf London. Mit der Zeit muß es doch der Bevölkerung auch zu dumm werden. Der Führer hat Churchill ja ordentlich die Meinung gesagt. Meldungen hört man in letzter Zeit aus England sehr wenige. Unsere Verluste waren im Südosten sehr gering, wenn man die zugegebenen von England berücksichtigt, die nun 11500 Mann zugaben. Wer weiß wie viele noch in Kreta untergehen.

Eine Einschätzung, die Anton Böhrer mit vielen Deutschen teilte, allen voran dem „Führer". Hitler betonte in diesen Tagen immer wieder, England sei eigentlich schon besiegt, es fehle nur noch sein Eingeständnis. Doch insgeheim musste er sich schon bald eingestehen, dass Großbritannien, das seit dem 10. Mai 1940 von Winston Churchill regiert wurde, gar nicht daran dachte, den Kampf gegen die Deutschen aufzugeben. Im Gegenteil: Fieberhaft rüsteten die Briten zur Abwehr einer möglichen deutschen Invasion („Operation Seelöwe") und verstärkten ihre Flugzeugproduktion, vor allem die der Jäger. Darüber hinaus verhandelte Churchill mit den Amerikanern um materielle Hilfe. Für Hitler drehte sich deshalb seit dem Sommer 1940 alles um die für ihn zentrale Frage, mit welchen Streitkräften und an welchen Fronten die deutsche Wehrmacht England, den letzten Gegner, endgültig niederringen könne. Dazu war er auch bereit, den Umweg über Moskau zu gehen.

Doch noch herrschte im Frühjahr 1941 trügerische Siegeszuversicht. An allen Fronten. Und warum auch nicht? Der Balkanfeldzug der deutschen Truppen gegen Griechenland und Jugoslawien, der in den vergangenen

Wochen angelaufen war, um den dort in Not geratenen italienischen Verbündeten zu Hilfe zu kommen, schien für die Deutschen ebenfalls zu einem „Spaziergang“ zu werden. Am 17.4.1941 kapitulierte Jugoslawien, wenige Tage später, am 21.4., Griechenland. Wenden wir uns also für einen Augenblick vom Osten ab und richten unseren Blick nach Süden. Hellmuth H., 1904 in Köln geboren, verschlug es als Angehöriger des Grenz-Infanterie-Regiments 122 (später nur Infanterie-Regiment 122, 50. Infanterie-Division) im Februar 1941 nach Griechenland.

Auch hier stand zu Beginn des eigentlichen Einsatzes erst einmal eine Reise quer durch Europa. Über die Slowakei, Kronstadt, die Südkarparten, Ploestri und Bukarest erreichte die Division bis Mitte Februar 1941 ihre Ausladebahnhöfe und ab Ende Februar wurde Richtung Bulgarien marschiert. Bis Ende März waren die Einsatzräume an der griechischen Grenze erreicht. Von dort schreibt Hellmuth H. am 19.2.1941, acht Wochen vor Beginn des Feldzugs, an seine Frau:

M.l.B!

Seit meinem letzten Brief habe ich ein liebes Päckchen von Dir und Brief Nr.5 (12.2.) bekommen. Nr. 4 steht also noch aus, wird aber sicher noch eintrudeln. Die Gutsle waren ein lieber Heimatgruß; (...) Das Konfekt wird aufgehoben und sicher noch im alten Standort hier geknabbert. Die Versuchung, es vorher zu knabbern, ist nicht ganz so groß, da es hier auch Konfekt, Schokolade usw. gibt; ebenso gibt es bei Gelegenheit herrlichen Speck (sogar ohne Paprika), schöne französische Seife, Kaffee, Tee und andere Raritäten; leider, leider kann man nichts nach Hause schicken, da eben nur Briefe bis 100 g erlaubt; außerdem ist alles teurer als bei uns und die Leute betrügen nach Strich und Faden; der Wucher blüht, da es immer törichte Landser gibt, die zu viel bezahlen; der Orient macht sich

bemerkbar. Morgen fahre ich in die Landeshauptstadt und hoffe allerlei zu sehen und zu photographieren. (...)
Heute kam der letzte Zillerthaler Film: schöne Bilder von den Grenzbauden usw. Weißt Du übrigens, auf wen ich die letzten Bilder verknipst habe? Auf die kleine Blonde im Leinenladen, natürlich nur für mein rassenbiologisches Bildarchiv; einige Bilder bekommt sie übrigens selbst; sie hat schon bei Utecht nachgefragt, der übrigens beschwört, ihre Haarfarbe wäre echt (schon verdächtig!). Ich will mir morgen im Städtchen Phototaschen besorgen und dann beginnen wieder die Photoberichte in alter Frische. (von hier sind schon 2 Filme unterwegs).
Hier ist schon etwas Frühlingsluft, wie bei uns 4 Wochen später. Herzog hat ja unverdientes Schwein. Wahrscheinlich erzählt seine Frau jetzt vom anstrengenden und gefährlichen Leben ihres Mannes in Feindesland! (...) Unzerschnittene Zeitungen kann ich leider nicht schicken, da nur Briefe erlaubt sind. - Der Dienst ist hier sehr ruhig, viel Arbeitsdienst, d. h. wir machen die Dorfwege begehbar, wozu die Bevölkerung zu faul ist. Ab morgen kommen auch schon die Landstraßen dran, da unsere LKW und Fahrzeuge ständig stecken bleiben. Auch Ortsschilder gelb-schwarz nach deutscher Manier werden von uns aufgestellt! Seit einigen Tagen gibt es hier auch Verdunkelung, aber bei der hier herrschenden Lotterwirtschaft wird das wohl nie klappen. Eine schwierigere Frage als zu Hause ist hier die Gesunderhaltung der Truppe und es ergehen dauernd Mahnungen bzgl. - Wassertrinken, einheimischer Nahrung, Ungeziefer, Geschlechtskrankheiten (letztere traten hier z. T. in besonders lieblichen Formen auf) usw. Sogar Schlangen und Skorpione spielen dabei eine Rolle.

So riecht gute Seife!

Herzliche Grüße
Dein Hellmuth.

Nichts, so schien es, konnte die deutsche Wehrmacht aufhalten. In Griechenland genauso wenig wie im „Westfeldzug" ein gutes halbes Jahr zuvor. Vier Tage nach Beginn der Kampfhandlungen („Operation Marita") notiert Hellmuth H. in einem weiteren Brief an seine Frau:

M.l.B!

Nun sind wir den 4. Tag im neuen Land und es scheint die erste Post bald abgehen zu können. Das ist hier für unser Bataillon mal wieder ein ulkiger Krieg: wir sind am 7. früh über die Grenze auf einem Saumpfad über 1100 m gestiegen, auf dem schon vorher 1 Btl. rüber war; wir aber mit allen Waffen ohne Tragtiere; es war ein ziemlicher Klaviertransport; den uns nur die Tatsache etwas versüßte, daß auch die Offiziere einschl. Major den notwendigen Kram selbst schleppen mussten; der Hptm. hatte eine bildschöne Blase, und der Onkel Dr. Oberarzt, der die Umgekippten betreute, war selbst bald sein Kunde.
Als wir von oben dann das Meer sahen und zwar kriegsmäßig wenn auch ohne Stahlhelm (!), als die nordischen Eroberer l000 m hinab ins Tal stiegen, war der Erfolg ein verblüffender. In den Dörfern kamen die Leute mit Brot, Käse, Eiern, Zigaretten an, alles gab Händchen und strahlte, alles noch mehr als in Bulgarien. Das Militär war getürmt u. die Leute hatten wohl einesteils Angst, andernteils alte Sympathien für Deutschland.
Am Hauptübergang im O sah es wieder anders aus: Hochmoderne Bunker, die Straße weithin gesprengt und 123 u. 121 haben 2 Tage gewirkt und die Sache erst mit Massenartillerievorbereitung geschafft; wir waren schon von S her im Anmarsch. Unsere Verluste sehr gering, die feindlichen auch nicht bes. groß. So war, als wir unten waren, noch kein Fahrzeug unten, also auch keine Panzer u. motorisiert, der seltene Fall, daß die Fußinfanterie zuerst da war! Ich war vorgestern dann in der nächsten Stadt K., wo also zuerst noch wenig Militär war u. alles sehr freundlich u. willig war, sogar einzeln „eil ütler!"

Die Behörden, ausgerückt, die größeren Läden geschlossen, ein seltsamer, labiler Zustand; (unser Reichskreditgeld gilt); die Straßen voll Menschen, die staunten, wie vom Paß her allmählich die schweren Wagen angerast kamen, die als erste die notdürftig reparierte Straße passiert hatten. Und alles in der seefeuchten lauen Luft des Mittelmeers; die Natur schon nach der Obstblüte, Flieder u. Glycinien blühen, die kleinen Schildkröten von Taschenuhrgröße, noch ganz weich, - wie sich der Dicke darüber freuen würde - sitzen im Gebüsch u. die Smaragdeidechsen blitzen auf. Die Dörfer meist sauber u. wohlhabend (hier wird der beste Zigarettentabak der Welt gebaut!), am Meer aber die übelste Malariagegend des ganzen Landes.
Die militärischen Ereignisse jagen sich jetzt so an entscheidenderen Stellen als hier, daß wir trotz organisierten Rundfunks kaum noch folgen und, wenn Du diesen Brief erhältst, ist vielleicht hier schon alles aus. Wir sitzen augenblicklich im Quartier in einer Moschee. Unser Troß, der über den Paß ja muß, ist noch mehrere Zehner von km entfernt, von den 3 Decken, Tornister usw. ist man einige Zeit getrennt, die Verpflegung war etwas knapp; die Kompanie hat schon den 2. Ochsen geschlachtet - es ist dann immer ein Problem, ob der nächste Marschbefehl vor dem Garsein des Fleisches eintrifft und ich helfe mit türk. Honig meiner Verpflegung nach, habe aber noch mancherlei Reserven, z. B. die eiserne Portion, die zum Verbrauch freigestellt ist.
Das erste, was für uns eben über den Paß gekommen ist, ist Reserveverpflegung und Post! Dein lb. Brief vom 31., das Wurstpaket! 3 Nußkuchenpakete von Mutti, ein Kuchenpaket von den Eltern und ein Kuchenpaket von Frau Vogel .... jetzt wegschaffen; na, es wird schon gehen! Bitte schreibe Mutti, ich habe kein Briefpapier mehr da, erst beim Gepäck.

Herzl. Grüße Dein Hellmuth.

Zurück in den Osten. Noch schien auch hier das Soldatenleben Momente der Idylle zu haben. Noch, doch nicht mehr lange. So berichtet der uns schon bekannte Gustav Böker, dessen Weg schon bald über Rumänien und die Ukraine nach Russland führen wird, am 18. Mai 1941:

„Zum A... der Welt", den 18. Mai 1941

Ihr Lieben!

Heute ist hier endlich herrlicher Sonnenschein. Ich war vorhin mit noch einigen Kameraden im Freien und habe ein schönes Sonnenbad genommen. Dabei haben wir „Mensch ärgere Dich nicht" gespielt. Einmal wieder eine schöne Abwechslung. Einige Aufnahmen wurden auch gemacht.
Am Donnerstag haben wir, der 1. Zug, an einer Rahmenübung der Nachrichten- und Stabskompanien teilgenommen. Wir hatten mit unserer Pak den Auftrag, den Divisionsstab zu sichern. Eine prima Sache, während der Sicherung hörten wir Grammophon-Musik - -. Ganz groß, nicht wahr?
Am Wochenende spielten wir wiederum Fußball gegen unsere 1. Kp. Leider verloren wir 1:0. Uns will ein Sieg noch nicht gelingen. Dieses Fußballspiel hat mich um meine Fahrt nach Krakau gebracht. Ich bin scheinbar in unserer Fußballmannschaft unentbehrlich. Am Abend besuchte uns ein Fronttheater. Dieses zeigte uns als Gastspiel „Faust" von Goethe. Unter den Bühnenverhältnissen ganz groß gespielt von den Schauspielern. Schade, daß wir so etwas nicht öfter sehen können. Ein Musikwagen hat uns in der letzten Woche auch besucht und hat mehrere Schallplatten gespielt. Am Montag haben wir unseren Zugabend.

150 Liter Bier für ungefähr 50 Mann ist schon besorgt, so daß für trinken schon „ein bißchen“ gesorgt ist.
Eure Briefe, sowie das Päckchen mit Butter usw. habe ich erhalten. Es war alles noch prima in Ordnung. Ein bisschen vom Schmalz habe ich schon zum Rühreier machen verbraucht.(...)
Es grüßt Euch Alle recht herzlich

Euer Gustav

Deutsche Wehrmachtssoldaten beim Essen aus Kochgeschirr vor einem Bahngüterwagen während der Truppenverlegung aus (vermutlich) Rumänien in die Ukraine

Doch die Ereignisse gewannen im Mai und Juni deutlich an Fahrt. Immer neue Gerüchte machten in der Truppe die Runde. Kommt es zum Angriff auf Russland – ja oder nein? Schließlich gab es doch den Hitler-Stalin-Pakt, einen Nichtangriffsvertrag mit der Sowjetunion vom 24. August 1939. Aufgrund dessen rollten noch bis kurz vor dem Einmarsch der Deutschen in die UdSSR täglich schwere Güterzüge mit Getreide, Erz und Öl von Russland nach Deutschland. Warum also Krieg mit Russland? Das dahinter ein groß angelegtes Täuschungsmanöver stand, konnte oder wollte niemand wissen. Noch am 13. März 1941 heißt es im OKW-Tagebuch, *„es sei alles zu vermeiden, was der Aufrechterhaltung des planmäßigen Wirtschaftsverkehrs mit Sowjetrußland irgendwie hinderlich sein könnte. Irgendwelche Abschlußtermine, bis zu denen dieser Verkehr voraussichtlich noch aufrechterhalten werden könne, dürften unter keinen Umständen genannt werden."*

Ein Krieg gegen die UdSSR – für Klaus Becker, 1902 in Norddeutschland geboren, war dies bis zuletzt eher ungewiss. Er diente bei den Flak-Scheinwerfer-Regimentern 74 und 126 bzw. dem Artillerie-Regiment 320 und zog mit seinen Einheiten in Richtung Osten – nach Polen, Weißrussland, die Ukraine und Russland. Ende Mai schreibt er seiner Frau:

Feuerstellung, den 20.5.41.

Meine liebe Suse!

Heute Abend sitze ich als Telefonposten in der Schreibstube von abends um 6 Uhr bis morgens früh 8 Uhr; d. h. ich kann mich nachher schlafen legen, muß aber etwa ankommende Gespräche entgegennehmen und in dringenden Fällen weiterleiten. Das ist günstig. Ich werde die Gelegenheit benutzen, um Dir ausführlich zu schreiben, zumal in wenigen Tagen unser 10-jähriger Hochzeitstag ist. (...) Was aus uns wird, wissen wir immer noch nicht. In letzter Zeit wurde so viel davon erzählt, daß mit Differenzen mit Rußland gerechnet würde. Was Wahres daran ist, kann ich nicht beurteilen. Auch Uwe munkelte Ähnliches. Heute hörte ich

von verschiedenen Seiten, daß diese Differenzen mittlerweile beigelegt seien, daß unsere Truppen aus dem Osten zurückgezogen würden und daß wir das Durchmarschrecht durch Rußland und die Türkei zugestanden erhalten hätten. Dafür soll Polen angeblich an Rußland fallen oder jedenfalls doch Teile davon. Ich halte das durchaus für möglich und auch für wünschenswert. Dann wäre der Engländer doch auch über Syrien zu fassen und dem Irak könnte wirkliche Hilfe geleistet werden.
Endlich wird es hier auch Frühling. Besonders schön war der Sonntag. Ich habe den ganzen Mittag draußen in der Sonne gelegen. Gestern und heute Morgen war es wieder regnerisch. Doch heute Nachmittag kam die Sonne wieder warm durch, so daß es richtig gesunde Treibhausluft ist. Das ist sehr gut für uns. Dann ist es nachts wenigstens nicht so kalt. Dienst wird unter den augenblicklichen Verhältnissen natürlich nicht sehr viel gemacht. Wir machen täglich wie bisher nachmittags unsere Funkübungen. Morgens ist aber nichts Besonderes zu tun. Die Zeit muß dann mit mehr oder weniger nutzbringenden Arbeiten totgeschlagen werden. Unsere eigentliche Aufgabe beginnt ja erst beim Fronteinsatz. Wer weiß, ob es dazu jemals kommen mag.
Mit den herzlichsten Grüßen an Dich und die Kinder!

Dein Klaus

Je näher der Zeitpunkt zum Angriff kam, umso näher rückten auch die Einheiten der Wehrmacht in ihre Ausgangsstellungen vor. Der Feldpost-Autor R. B., den wir schon kennengelernt haben, schreibt – wieder mit der kryptischen Ortsmarke „Im Osten" – gut einen Monat vor dem Start des „Unternehmens Barbarossa" am 22. Mai an seine Familie. Es geht bezeichnenderweise um den Wege- und Straßenbau, unerlässlich für einen Truppenaufmarsch mit mehr als einer halben Million Fahrzeuge aller Art:

Meine Lieben!

Ihr müßt schon mal entschuldigen, daß ich einige Zeit nichts von mir hören ließ; doch Ihr müßt verstehen so eine kleine Quartierwechslung von gut 100 km bringt natürlich auch die emsigste Feder ins Stocken. Jetzt sind wir wieder voll eingerichtet, liegen wieder in Baracken u. zwar ziemlich dicht neben einander. Sonst ist die Unterkunft zufrieden stellend. Man schickt sich hier schnell in alles. Wir sind hier als Bautrupp eingesetzt u sind eifrig damit bemüht, den Polen die teilweise grundlosen Feldwege mit Ziegelsteinen von zerstörten Bauten auszubessern. Dies ist bei der augenblicklich herrlichen Witterung eine schöne ruhige Sache. Unsere Aufgabe ist ausschließlich Beladen von Panjewagen, die nur annähernd 100 St. Steine laden. In der Zeit bis zur Wiederkunft der Wägelchen können wir uns dann herrlich sonnen. Vor unserer Baracke haben unsere Tischler Tische u Bänke aus Birkenstämmen gebaut, da läßt sich schön schreiben unter den Bäumen des Gutsgartens. Von einer kleinen Höhe am Rande des Dorfes, dessen Höfe an einer schnurgeraden Straße liegen, kann man die Bug, den Grenzfluß sehen. Mir geht's gut, ich zehre noch an der Speckportion, die mir bestimmt gut Dienste leistete. Für Turnhose u Brief meinen herzlichen Dank. Euch allen herzliche Grüße u Friedel, wenn er noch nicht wieder ganz frisch sein sollte, gut Besserung. Wenn es bei Euch auch so sonnig ist wie hier, da wird's wohl bald wieder besser.

Euer Reinhard

Und Gustav Böker, den wir gleich zu Beginn dieses Kapitels noch im Süden Polens, in Kielce, angetroffen haben, kündigt einige Wochen später in einem Brief an seine Familie neben Feldübungen und Manövern vor allem einen neuen Stellungswechsel an – näher an die künftige Front:

Pfingsttag, d. 2. Juni 1941

Ihr Lieben!

Heute ist nun schon der 2. Pfingsttag, und da muß ich wohl einmal wieder schreiben. Gestern hatte ich tatsächlich keine Zeit. Der ganze Tag war ausgefüllt. Am Morgen war ich zum Gottesdienst, der hier in einem Walde abgewickelt wurde. Nachmittags haben wir eine Geländefahrt mit Krädern gemacht. Ich, jetzt vorläufig Kradmelder, mußte hieran natürlich auch teilnehmen. Es war dann auch ganz schön. Es war nur ziemlich warm. Als wir dann um 6 Uhr nach Hause kamen, mußten wir an einem Musikabend teilnehmen. So verlief unser 1. Pfingsttag im Polenland. Heute Nachmittag fahren wir auch wieder ins Gelände. Nachdem ich 8 Monate so herumgekriegt habe ohne Putzer zu sein, bin ich es jetzt geworden bei Uffz. Reinecke. Der ist Halbzugführer und Feldwebeldiensttuer. Dadurch habe ich ja ein bißchen mehr Arbeit, aber ich werde es wohl auch noch schaffen. Am Mittwoch haben wir das Abteilungssportfest beendet. Unsere Kompanie siegte mit 54 Punkten vor der 2. Kp. – 35 Punkte – Stab 28 Punkte – 1. Kp. 18 Punkte. Somit wurden wir Abteilungsmeister. Vor einigen Tagen haben wir einen Nachtmarsch gemacht – 15 km. Und am Sonnabend war ich mit einigen Kameraden wieder in Kielce.
Vor einigen Tagen erhielt ich von der Kreissparkasse ein Pfingstpäckchen mit einigen netten Sachen. Eure Briefe v. 19.5. u. 27.5., sowie das Päckchen mit Topfkuchen und die

Pfingstkarte habe ich erhalten. Der Topfkuchen schmeckt wunderbar, und ich danke recht herzlich. (...) Im Laufe dieser Woche werden wir wahrscheinlich Stellungswechsel machen. Ich bin ja gespannt. Das Päckchen welches ich von hier wegschicken wollte, ging leider nicht mehr ab, da vorläufig Postsperre ist. Bei der ersten Gelegenheit schicke ich es ab. Mit Postsperre für Briefe ist in den nächsten Tagen auch zu rechnen.
Das Wetter ist hier jetzt auch prima. Herrlicher Sonnenschein Tag für Tag. Ich bin jetzt schon prima braun gebrannt. Dieses Jahr will ich ja auch so braun wie ein Neger werden. (...)
Hoffentlich habt Ihr Pfingsten gut verlebt.
Es grüßt Euch nun alle bei bester Gesundheit

Gustav

„Stellungswechsel" war das Stichwort. „Näher an die Front" hieß dies in Wirklichkeit. Und die Deutschen rückten vor. Mit großer Präzision. Im Tagebuch des OKW heißt es unter dem 6.Juni 1941 dazu lakonisch: *„Barbarossa: Für die Stäbe der Panzergruppen wird ab 10.6. die Verlegung in die Ostgebiete freigegeben."* Es wurde ernst.

Einer von denen, die jetzt mit vorrückten, war Franz Siebeler. Er wurde 1919 in Nordhausen im Harz geboren. Zum Militär kam Siebeler als Wehrdienstleistender im Oktober 1940. Zuerst wurde er dem Artillerie-Regiment 73 (1. Panzer-Division) zugeteilt, dann kommandierte man ihn zum Artillerie-Regiment 4 (14. Panzer-Division) ab. Mit dieser Einheit sollte Siebeler als Gefreiter nur ein Jahr später, im Juni 1942, vor Stalingrad fallen. Noch ist Siebeler aber im Brandenburgischen – weitab vom künftigen Kriegsgeschehen. Doch nicht mehr lange. Ein wenig kann man seine Besorgnis vor dem, was sich da anbahnte, aus den Zeilen eines Briefes an seine Eltern herauslesen:

Döberitz, den 5.6.41.

Ihr Lieben!

Sende Euch von hier die herzlichsten Grüsse. Augenblicklich ist hier wunderbares Wetter und man hält es kaum in der Bude aus. (...) Ein Paket habe ich zurechtgemacht, in welchem die Steppdecke enthalten ist nebst schmutziger Wäsche. Ich habe noch schmutzige Strümpfe und Taschentücher, die ich morgen im Päckchen schicke. In der neuen Abteilung gefällt es mir sehr gut. Natürlich brauche ich noch einige Zeit um mich einzuarbeiten. Aber das wird auch schon klappen. Am 2. Festtag waren wir alle in der Ludwigskirche. Nächsten Sonntag will ich zur Jugendkundgebung ebenfalls hin. Es wird dann für lange Zeit vielleicht das letzte Mal sein. Ende nächster Woche kommen wir von hier weg. Aller Wahrscheinlichkeit nach Polen. Man munkelt davon, dass wir dort nicht lange bleiben, sondern weiter nach dem Irak kämen. Wie und auf welchem Wege dies jedoch möglich wäre, kann ich mir nicht denken. Aber schließlich ist ja beim Kommiss alles möglich und eines Tages könnte man dort unten landen. Mein Wunsch ist's aber nicht. Erstens ist's zu heiss und ausserdem würde es aber wohl kaum so ruhig wie in Serbien zugehen. Aber es hat kein Zweck, sich schon jetzt graue Haare darüber wachsen zu lassen. Der Herrgott wird's schon alles zum Besten lenken. Lasst bald von Euch hören!
Es grüsst Euch tausendmal

Euer dankbarer Sohn
Franz

Und auch in einem Brief von Heinz Rahe, 1912 in Heiligendorf bei Wolfsburg geboren, lässt sich erahnen, dass große Ereignisse bevorstanden. Rahe war im Zivilleben evangelischer Pfarrer und hatte von 1934 bis 1935 den Wehrdienst absolviert, 1939 wurde er erneut zur Wehrmacht einberufen. Im Gefolge der 13. Infanterie-Division (Infanterie-Regiment 93) nahm er 1940 im Range eines Feldwebels am Frankreichfeldzug teil. Sein weiterer Weg führte ihn über die Tschechoslowakei, damals Protektorat Böhmen und Mähren, nach Rumänien. Von dort aus zog er am 22. Juni 1941 mit der 13. Panzer-Division im Panzergrenadier-Regiment 66 in die Ukraine ein. Noch aber ist er im Südwesten Polens. Am 8.6.1941 schreibt er an seine Frau:

Meine liebe Ursula!

(...) Ich habe Dir wohl noch gar nicht erzählt, daß wir am Freitag im Warthegau, also jenseits der russischen bzw. polnischen Grenze von einst, waren. Die Stadt Praschkau macht von Ferne einen ganz annehmbaren Eindruck mit ihrer großen, zweitürmigen Kirche. Sie liegt unmittelbar an der Grenze. Wenn man allerdings in solcher Stadt selbst ist, sieht man, daß sie doch noch etwa zehnmal öder ist als etwa Landsberg. Da sind keine Schaufenster und vernünftige Läden, die Häuser sind unfreundlich, überall laufen Juden jeglichen Alters herum, die durch ihren Stern kenntlich sind und dauernd den Hut ziehen müssen. Am Rande der Stadt ist ein Friedhof, offenbar jüdisch. Seine Mauer wird jetzt abgebrochen und für Straßenbau verwendet. Er liegt an einer Höhe, die wohl ganz abgetragen werden soll, da sie

Eisenstein enthält. Dort ist bereits ein großer Kasten gebaut, in dem das Erz seine erste Verarbeitung erfährt. – Nun leb wohl, mein Lieb! Recht herzliche Grüße und hoffentlich baldiges Wiedersehen!

Dein Heinz

Und auch Fritz Hild, Obergefreiter im Pionier-Bataillon 58 der 7. Panzer-Division, rückte vor. Am 11. Juni 1941 schreibt er an Bekannte unter Umgehung der Zensur, weil er den Brief unbemerkt einem Kameraden mitgeben konnte:

11.6.1941.

Liebe Familie Frey!

Heute Morgen sind wir nun glücklich in unserer neuen Unterkunft angekommen. Zuerst brauchten wir einen Stuhl um den ersten Schreck zu verdauen. Das Dorf besteht aus drei unbewohnten Häusern, wo jetzt der Stab untergebracht ist. Sonst ist weit und breit kein einziges Haus zu sehen. Das ist ja auch kein Wunder, wenn man dann erfährt, daß es bis zur russischen Grenze nur noch 20 km sind, und daß wir in ehemalig litauischem Gebiet liegen. Von wegen Betten, der Traum ist ausge-

träumt. Unsere Betten bestehen aus Stroh und Heu. So gut wie in Sieglar werden wir es wohl vorerst nicht mehr bekommen.
Die Fahrt hierher ist prima verlaufen. Am Sonntagnachmittags 19 Uhr sind wir verladen worden und dann ging es ab Richtung Ostpreußen bis Insterburg, wo wir dann ausgeladen wurden. Dann mußten wir noch 180 km fahren und kamen dann heute Morgen um 5 Uhr in unserem neuen „Quartier" an.
Nun bitte ich Sie, über das was ich hier geschrieben habe, strengstes Stillschweigen zu bewahren. Wir müssen ja eigentlich die Post geöffnet auf der Schreibstube abgeben. Aber ich habe keine Lust, daß andere in das hinein riechen, was sie gar nichts angeht. Da nun aber ein Kamerad von mir ab und zu mal nach Insterburg kommt, gebe ich ihm eben die Briefe mit. Meine Adresse ist nun: Ob.Gefr. F. Hild Feldpostn. 16246.
Das wäre nun ziemlich alles, was ich von hier zu berichten weiß. Mir geht es nun soweit noch prima, was ich von Ihnen, abgesehen von den Fliegerangriffen, auch annehmen will.
Für heute grüßt Sie also nun recht herzlich

Ihr Fritz

Es ist erstaunlich, dass sich auch hier, in einem unzensierten Brief, keinerlei Andeutungen über den bevorstehenden Einmarsch in die Sowjetunion finden. Und doch musste jedem klar sein, dass es bei allen Truppenverlegungen in Richtung Osten nur um eins gehen konnte – den drohenden Krieg mit der UdSSR, der in Berlin seit Monaten intensiv vorbereitet wurde. Am 10.6.1941 heißt es dazu im Tagebuch des OKW: *„Barbarossa: Die Zeiten für die Ausgabe des Angriffsbefehls und das Antreten zum Angriff werden befohlen (Op.Abt. (I) 1170/41 g.Kdos.). Auf Befehl des Führers findet am 14.6. in der Reichskanzlei eine Besprechung über Barbarossa statt, an der die Oberbefehlshaber der Heeresgruppen und Armeen und die Befehlshaber der Panzergruppen sowie die entsprechenden Führer der anderen Wehrmachtteile teilnehmen sollen."*

Aber noch immer gab es unter den vielen Soldaten im Osten viele, die einen Krieg gegen die UdSSR für absolut unmöglich hielten. Einer von ihnen ist Anton Böhrer, ein durchaus politisch denkender, wacher Kopf, der sich aber auch als aufmerksamer Beobachter des Kriegsgeschehens in Europa irren sollte – wie so viele andere mit ihm. Er schreibt:

P., 11.6.41
Lieber Vater!

(...) Daß wir den Krieg gewinnen werden steht auch fest nur steht noch nicht fest, wann es zu einem endgültigen Frieden kommen wird. Frankreich steht nun auch in Syrien auf unserer Seite u. so haben wir schon einen Bundesgenossen oder besser einen Mitkämpfer mehr gegen England. Daß sich in Rußland nichts ereignen wird davon bin ich auch fest überzeugt denn z. Z. da ja noch sehr viel offen ist, können wir es uns nicht gut leisten gegen einen so großen Staat, dessen Soldaten allerdings auch keine Spezialsoldaten sind wie die deutschen u. nach dem ersten Gefecht „laufen" s. Finnland, mit einer so enormen Grenze zu

kämpfen. Das Land ist so groß, daß es uns dabei leicht wie einem Napoleon gehen könnte, der sich einmal in diesen Weiten verrannte. Kreta ist nun sicher mit wenigen Verlusten trotz stärkstem Beschuß u. Abwehr erobert. Jetzt fehlt bloß noch Gibraltar, das ja auch bald kommen wird. Einen sehr schönen Sieg erfocht ja die Bismarck gegen den größten Schlachtkreuzer Hood der nach 5 Min. spurlos verschwand. Wenn auch nach längerer Fahrt die Bismarck bei größter feindlicher Übermacht sinken mußte, so können wir als Deutsche, trotzdem stolz auf diesen Sieg sein, denn es ist so manches Schiff abgedreht u. dabei kein weiteres deutsches Kriegsschiff beschädigt worden, was bei den Engländern der Fall war. (...)
Zu meiner baldigen Beförderung, die ich ja nun Dir verraten darf gebrauche ich außerdem ein Portepee u. Schulterklappen, die mir Stefan von Würzbg. besorgen könnte (Rom, ehem. Theaterstr.). Ich soll nämlich in Bälde die Spiesgeschäfte übernehmen, die ich schon sowieso fast mit versehe nur fehlt es eben immer noch an einem geeigneten Vermessungsuffz. als Nachfolger für mich. Wenn man eben was taugt u. oft bei größeren Besichtigungen nur allein ein Lob einstecken kann, so ist dies für mich sehr erfreulich, aber jetzt bei meinem Wegkommen wieder zum Nachteil. Der Chef hat eben Angst es könnte nicht klappen u. ein guter Verm.Uffz. muss eben gut ausgebildet sein. Vielleicht kommt es auch so, daß ich gleich beide Geschäfte übernehmen muss. Es ist natürlich für mich sehr zum Vorteil, denn man hat schon wieder etwas mehr zum Mitreden u. den Dreckbudel soll man jemand anders machen lassen. (...)

Doch wie gesagt es ist noch nicht ganz soweit u. es hat noch 1-2 Monate Zeit. Du brauchst natürlich noch nichts verlauten zu lassen. Ich will nun schließen u. wünsche Dir sowie Adolfine u. Stefan alles Gute Dein dankbarer Sohn

Anton

„Dass wir den Krieg gewinnen werden, steht auch fest.“ Ein mutiger Satz, der nur vor dem Hintergrund der vielen deutschen Erfolge der vorausgehenden eineinhalb Jahre zu verstehen ist. Ähnlich äußerte sich nämlich auch Gerhard Kunde, 1914 in Berlin geboren, in einem Brief an seine Mutter. Die Zeilen lesen sich wie aus einem Leitartikel des „Völkischen Beobachters“ – Ausfluss der Propaganda und Indoktrination gerade der Soldaten im Feld. Bei der Wehrmacht, der er seit August 1939 angehörte, war Kunde in verschiedenen Verbänden eingesetzt. So gehörte er unter anderem dem Infanterie-Regiment 169 (68. Infanterie-Division) und dem Ost-Bataillon 441 (716. Infanterie-Division) an.

M., den 15.6.41.

Liebe Mutter!

Heute will ich Dir einmal etwas über die politische Lage erzählen so wie ich sie z. Zt. sehe. Dabei will ich gleich sagen, daß sie sich schon irgendwie anders gestaltet haben kann, wenn Du im Besitz dieses Briefes bist. Der Führer hat schon vor mehr als 15 Jahren in seinem Buch „Mein Kampf“ gesagt, daß Deutschland, um leben zu können, Kolonialgebiet im Osten haben muß. Er hat damit eindeutig auf die Ukraine verwiesen. Heute, wo wir von den überseeischen Einfuhren praktisch abgeschnitten sind, braucht nicht nur Deutschland die Ukraine sondern Nord- Mittel- und Westeuropa, wenn es nicht glatt verhungern will. Diese Forderung nach fremdem Land erscheint uns Menschen des 20. Jahrhunderts zunächst ungewöhnlich und allen Gesetzen des internationalen Zusammenlebens entgegenzulaufen. Bei einigem

Überlegen kommt man aber dahinter, daß seit den Kimbern und Teutonen vor mehr denn 2 Jahrtausenden Völker immer wieder aus Raumnot in fremdes Land eingefallen sind. Diese Erscheinung ist in neuerer Zeit durch Kolonisation in fremden Erdteilen ersetzt worden. Dazu besteht heute keine Möglichkeit mehr. Also stehen wir vor der Notwendigkeit, entweder so oder so uns in den Besitz des Landes zu setzen. Ich habe das Gefühl, daß wir kurz vor der Entscheidung stehen. Beide Möglichkeiten sind in Vorbereitung, auf der einen Seite Tribünen und Fahnen in Berlin, auf der anderen letzte Bereitschaft. Jeden Tag kann die Entscheidung fallen. Wir sehen beiden Möglichkeiten mit der gleichen Ruhe entgegen.

Alles Gute u. recht herzliche Grüße
Dein Gerhard

Und auch der Brief des Berliners Hans-Joachim S. (Jahrgang 1905) lässt erschließen, dass der Einmarsch unmittelbar bevorstand. S. schreibt relativ offen über das, was unter den Soldaten nun wohl kein Geheimnis mehr war. S. diente lange Zeit beim Armee-Nachrichten-Regiment 511, das ab April 1941 nach Polen verlegt worden war, um am Feldzug gegen die Sowjetunion teilzunehmen. Hierfür wurde es der Heeresgruppe Mitte unterstellt. Er schreibt:

den 16.6.41

Mein liebes E.!

Schon gestern sollte eigentlich geschrieben werden, kam aber nicht dazu. Reger Betrieb, viel Arbeit, füllen die letzten Tage aus. Du kannst Dir nicht vorstellen, was alles noch beschafft werden muss, um auf „große Fahrt" gehen zu können. Außerdem macht mir mein Wagen viel Sorgen. Fast tägl. bin ich mit ihm in der Werkstatt. Tägl. ein neuer Defekt, nur Kleinigkeiten, macht aber immer Arbeit. Sonnabend – Sonntag war ich überhaupt k.o.!
Wir bekamen Sonnabend unsere 3. Typhusspritze, die mir sehr schlecht bekam. Nachts hohes Fieber, Schüttelfrost und anständige Schmerzen. Nur Gelonida konnte etwas lindern. Die Reaktion ist aber vollkommen natürlich. Jetzt folgen noch 3 Cholera- und 2 Malaria- und 2 Ruhrspritzen. Ich danke! Wenn die Dinger wirklich vorbeugend helfen, bin ich ja zufrieden. (...)
Ich hoffe ja auch immer noch, dass mal ein ganz plötzlicher Friedensschluss überrascht! Wäre das schön! Der Gedanke an Russland ist bestimmt nicht angenehm, aber kaum noch abzuändern. Ein Winter in Petersburg, Moskau oder Sibirien wäre nichts für mich. Trotzdem birgt auch Russland ein geheimnisvolles Dunkel, welches auch wieder reizt. Na abwarten! (...)
Wie oft denke ich an Dich oder den Jungen. Abends im Bett kommen mir manchmal die Tränen, so verlassen komme ich mir vor. Wirklich, wie glücklich könnte man sein, wenn dieser elende Krieg nicht wäre. Aber es muss durchgestanden werden, vielleicht zum Glück und Wohl unseres Jungen. Hauptsache, wir behalten einander lieb und werden nach dem Krieg nie wieder eine Uniform anziehen. Nie Kriegerverein, usw.
Mein Kleines, sei Du und alle Lieben,
recht herzlich gegrüßt und lieb geküsst

von Eurem Vatile

Inzwischen war auch die 4. (und letzte) Welle der Verlegungsoperationen für das „Unternehmen Barbarossa“ abgeschlossen. Der Aufmarsch war beendet. Und so schreibt der uns bereits bekannte Franz Siebeler zwei Tage vor Kriegsbeginn aus Polen an seine Eltern, wo er bereits nicht mehr in Kasernen oder sonstigen Einquartierungen übernachtete, sondern feldmarschmäßig in Zelten unmittelbar in Frontnähe untergebracht war:

Im Osten, 20.6.41.

Ihr Lieben!

Aus weiter Ferne sende ich Euch für heute die besten Grüsse. Es geht mir gut, wenn nur die Mücken nicht wären. Ich bin wie alle anderen vollkommen zerstochen und nachts ist es im Zelt kaum auszuhalten. Im Übrigen ist das Lagerleben ganz prima. Solange das schöne Wetter bleibt, braucht man ja nichts zu befürchten. Es darf nur nicht regnen, da wird es im Zelte ungemütlich. Die Fahrt hierher war ganz in Ordnung. Vom Kriege sind oft noch Spuren zu finden. Juden laufen hier in Massen herum, die meisten sind reinsten galizischen Typus. Alle haben weiße Armbinden mit blauem Stern. Die Häuser sind im elenden Zustande, so ähnlich wie in Bosnien. Man glaubt kaum, wie Menschen darin hausen können. Die Strassen sind in furchtbarem Zustande. Richtig polnisch! Es ist direkt halsbrecherisch sie zu befahren. Ich mache augenblicklich mit meinem Krad kleine Spritzfahrten durch diese schöne Gegend. Man muss höllisch aufpassen, um nicht im Sande steckenzubleiben, bzw. im Moor zu versacken. Ich bin stark gespannt, was wir hier sollen. Falls irgendetwas geschehen sollte, dann stehen wir an entscheidender Stelle. Man weiss nicht recht, was überhaupt los ist. Gemunkelt wird auf jeden Fall sehr viel. Zu kaufen gibt es gar nichts. Die Polskis haben selber nichts zu essen. Da kann man wenigstens die Moneten sparen. Rauchen tun wir aber viel, um die Mücken zu vertreiben. Man weiss sich ihrer sonst kaum zu erwehren. (...) Sollte es so bleiben, dann ist zu klagen kein Anlass vorhanden. Nur Wasser fehlt. Waschen können wir uns nur nach Katzenart. (...)

Tausend Grüsse und Küsse
Euer Franz.

Die letzten Tage vor dem Einmarsch begleiten wir Klaus K., der 1920 in Berlin geboren wurde. 1939 wurde er zur Wehrmacht eingezogen und kam zur Luftwaffe. Er diente dort nacheinander beim Flak-Regiment 22 und beim Flak-Regiment „General Göring". Die Flak-Truppen wurden dabei häufig auch zur Panzerbekämpfung eingesetzt. Während des Westfeldzuges beteiligten sich Teile des Regiments am Einmarsch in die Niederlande und Belgien. Nach der Kapitulation Frankreichs war das Regiment an der Kanalküste stationiert, bevor es nach Paris beordert wurde, um den Luftraum über der Stadt zu schützen. Ende 1940 wurde das Regiment wieder zurück nach Berlin verlegt. Im Frühjahr 1941 wurde die Einheit zum Schutz der Ölfelder in Ploesti nach Rumänien verlegt. Ab Juni 1941 nahmen die Soldaten am Russlandfeldzug teil. Sie unterstanden dabei der Heeresgruppe Süd beim II. Flakkorps, bei der sie erneut zur Panzerbekämpfung eingesetzt und der Panzergruppe 1 unterstellt wurden. Aus Polen schreibt Klaus K.:

In Polen. d. 14.6.41.

Liebe Eltern.

Nun hat sich unser aller Wunsch erfüllt. Das Warten hat ein Ende. Seit zwei Tagen rollt unser Regiment wieder, über die staubigen Straßen Polens. Wir dachten ja alle, wir würden weiter runter nach dem Süden kommen. Aber das ist nun eben mal nicht zu ändern.

Die letzten Tage haben wir in Krakau noch ordentlich gelebt. Man muß hier von der Hand in den Mund leben dann fährt man am besten. Denn man weis ja immer nicht was morgen los ist! Wir haben in Krakau soviel gegessen bis wir nicht mehr konnten, oder kein Geld mehr hatten. Das ist im Moment die beste Regel. Hier ist wie im Rheinland dasselbe Bild. Kurz bevor wir in Frankreich einrückten. Truppen und nochmals Truppen. Der Russe wird sich ja gewaltig umsehen! Wir liegen jetzt in einem kleinen polnischen Dorf, bleiben über Sonntag, dann wird es ja auch so weit sein. Landschaftlich ist es hier bestimmt auch schön. Jedes Land hat eben sein anderes Gepräge. Wir hätten ja alle lieber den Irak oder Afrika gesehen. Aber was nicht ist kann ja noch werden.

Hauptsache in Russland gibt es ordentlich was zu essen. Das müsste ja man annehmen, denn das sind ja hier meist alles Bauern. Größere Städte fehlen ganz. Krakau wird wohl die letzte Kultur gewesen sein, stellen wir uns eben auf Tarzan um. Ist eben mal was anderes. Sonst geht es mir ausgezeichnet. Es ist ja schon dunkel und ich werde aufhören. Brief beendet, in einem klein. pol. Dorf irgendwo in Polen, dicht vor der Grenze.

15.6.41

Den Sonntag haben wir auch gut überstanden. Wir haben feste Zigarren gegen Eier, Milch eingetauscht. Gestern abend habe ich noch einen halben Liter Sahne getrunken.

16.6.41

Seit Heute morgen rollen wir gegen die Grenze zu. Wir stehen gerade in einem Dorf, die Straße ist verstopft. Heute ist auch wie gestern herrliches Wetter...
Jetzt ist schon Abend es wird langsam dunkel wir liegen jetzt unmittelbar an der Grenze. Eben sind wir fertig mit Deckungsgräben zu bauen. Werde heute noch ein bisschen Radio hören ist heute Tanzabend.

17.6.41

Als wir morgens aufwachten regnet es alles aufgeweicht man kann nirgends laufen. Wir haben in einer Scheune geschlafen. Sitze jetzt in der Scheune und schreibe habe nachher noch was zu waschen...
Wir sind gerade mit dem Mittagessen fertig. Da kommt der Befehl. Wir gehen dicht neben der Grenze in Stellung. Wir bleiben mit unseren Funkwagen in der Protzenstellung in einem Wald. Haben noch bis 9.00 zu arbeiten. Habe die Nacht noch Wache.

18.6.41

Heute wieder schönes Wetter. Bau vormittags eine Fernsprechleitung von der Feuerstellung zur Protzenstellung. Nachmittag wieder Splittergräben bauen und tarnen. Gehen gegen 9.00 neben der Feuerstellung an einem Wald in Stellung. Alles ist gespannt wenn der erste Schus fällt. Die Nacht verläuft ruhig...

19.6.41.

Als wir morgens aufwachten herrlichster Sonnenschein. Den Tag über auch herrliches Wetter. Wir liegen in einem Birken-

wäldchen. Bauen wieder Deckungsgräben. Wir schlafen jetzt in Zelten. Der Tag vergeht unter der üblichen Arbeit. Sitzen jetzt im Funkwagen und hören Radio...

20.6.41

Dieser Tag vergeht auch unter der üblichen Arbeit.

21.6.41.

Wieder ein herrlicher Tag. In der Luft liegt aber schon etwas Unbestimmtes. Wenn unsere Gefühle sich nicht täuschen, geht es morgen los. Wir sind den Panzern unterstellt. Bekommen ein besonderes Zeichen an unser Auto, womit wir jegliches Vorfahrtsrecht haben. Nach den Vorbereitungen wird das Regiment General Göring allerhand zu sehen bekommen... Es ist jetzt 8.00 abends überall fieberhafte Vorbereitungen. Von nah und fern hallen die dreimaligen Hurras herüber.

Im trockenen Ton des Tagebuchs des OKWs findet sich dazu unter dem gleichen Datum ein bezeichnender Satz: „*Barbarossa: Die Aufmarschbewegungen verlaufen in allen Abschnitten planmäßig.*"
Nur noch Stunden sollten bis zum Angriff vergehen. Die Spannung war zum Zerreißen. Genauso wie die Siegeszuversicht vieler Soldaten. Von Zweifeln keine Spur – selbst dann nicht, wenn die Grausamkeiten des Krieges dem folgenden Briefautor offensichtlich zu schaffen machten. H. D., Jahrgang 1911, wurde nach dem Abitur und dem folgenden Jurastudium im Zivilberuf Regierungsrat. Seine militärische Laufbahn begann für D. im August 1939. Beim Artillerie-Regiment 16, später Panzer-Artillerie-Regiment, diente er am Westwall und nahm im Gefolge der 16. Panzer-Division am Feldzug gegen Frankreich und die Sowjetunion teil. Er schreibt an seine hochschwangere Frau:

21.VI.41

Mein Allerliebstes!

Wie geht es Dir denn noch, mein kleines Lieb? Werdet Ihr nicht zuviel von Fliegern belästigt? Du, Liebes, gelt, das versprichst Du mir, wenn es mit Luftangriffen mal toller u. gefährlicher werden sollte, dann gehst Du sofort aus Eurem doch gerade nicht ungefährlichen Wohnviertel heraus. Ich bin dann doch ruhiger. Mir geht es noch gut. (...) Wenn ich so lese, wie Du schreibst, wie das kleine strampelt, da versuche ich mich in Dich u. Deine Gedanken hineinzudenken. Das ist aber ein ganz nutzloses Beginnen, denn die natürlichen Voraussetzunge fehlen mir doch alle. Aber ich glaube Dir gerne, daß es für Dich schon etwas wunderbar schönes ist, Kleinchen schon jetzt körperlich zu spüren. Was mag erst Deine Seele jubeln, wenn Kleinchen sich frei macht und in Deine Arme eilt, sich an Deine Brust kuschelt und dort ganz warm u. geborgen sich in den Schlaf singen läßt. Hoffentlich kann ich ja wenigstens das äußere Leben unseres Kleinchens von Anfang an miterleben.

Nur mußt Du, kleines Lieb, im Anfang etwas Geduld mit mir haben. So ein Krieg geht an einem als Soldat ja nicht spurlos vorbei. Du wirst gar manches als hart u. als anders empfinden, ohne daß mir das auch nur im Geringsten bewußt wird. Aber gelt, da tust Du mir doch helfen, Schatzeli, daß ich die soldatische „Rücksichtslosigkeit“, oder wie soll ich es nennen, möglichst bald wieder abstreife. Du verstehst, was ich meine, ja? So viele Dinge, die einen früher ansprachen, übersieht man heute reinweg. Man träumt auch in stillen Minuten oft nur von Krieg u. seinem drum u. dran. Aber wenn ich wieder bei Dir bin, wird alles schon wieder so werden, wie vorher, und vor alles wird dann auch der Krieg nicht mehr wesensbestimmens u. –beeinflussend sein, sondern wird nur noch als eine Schule wirken, durch die man hindurchgegangen ist und aus der im Endergebnis doch gar vieles Gute für sich u. sein Leben mitgenommen hat. Bleibe mir recht schön gesund, mein Schatzeli. Es grüßt u. küsst Dich viele – viele mal u. immer wieder

Dein H.

Als H. D.s Ehefrau diesen Brief in Händen hielt, waren die deutschen Truppen jedoch schon längst auf ihrem Marsch nach Osten. Der uns schon bekannte Franz Siebeler schreibt in letzter Sekunde an seine Eltern:

Ostgrenze, 21.6.41.

Ihr Lieben Alle!

Da morgen früh noch einmal Post abgeht, will ich noch schnell einige Zeilen schreiben. Morgen früh wird der Tanz hier wohl losgehen. Wer hätte das wohl gedacht! Aber Verträge sind ja dazu da, dass sie nicht gehalten werden. Und mit dem Russen wäre ja auf Dauer doch keine Freundschaft möglich gewesen. Die hätten ja auf die günstige Gelegenheit gewartet, über uns herzufallen. Aber hier steht eine deutsche Armee, die es den Brüdern schon verleiden wird. Gegen niemand würde ich gern Krieg führen, aber diese Mörder und Gottesleugner müssen schon ihre Strafe kriegen. Hoffen wir, dass alles gut abläuft. Der Feind wird wohl auch in Massen bereit stehen, aber dass soll für uns kein Hindernis sein. So ruhig wie in Jugoslawien wird's kaum werden. Aber bezwungen müssen die Roten werden. Meine Kameraden liegen schon in vorderster Front. Wir dagegen müssen vorerst noch einige km zurückbleiben da wir den Verlauf der Dinge erst abwarten müssen. Ich werde mal sehen, wie dann mein Krad sich bewährt. Auf jeden Fall fürchte ich kein Gelände, wenn manchmal der Hinterteil meines werten Körpers stark in die Höhe fliegt. Warten wir in Ruhe ab, was kommen wird! Schließt mich in Euer Gebet ein. Grüsst alle Hausbewohner herzlichst, besonders Familie Warms.

Mit den besten Grüsse und tausend Küssen verbleibt
Euer Franz

Wehrmachtssoldaten des Feldpostamts 900 beim Unterziehen des Sauerer-Straßenpostwagens der Deutschen Feldpost in die Feldstellung

Und auch bei Manfred Freiherr von Plotho klingt es ähnlich. Der 1908 in Potsdam geborene Gutsherr und Grundbesitzer war verheiratet und Familienvater, als er 1937 zur Wehrmacht ging. Er kam zum Infanterie-Regiment 194, das als Teil der 71. Infanterie-Division nach Belgien, Frankreich, in die Ukraine und nach Russland kam. Am 21.6.1941 schreibt er an seine Ehefrau:

Den 21. Juni 1941

Meine liebe Ingrid,

wenn Du diese Zeilen erhältst, dann sind spannungsreiche Tage vorüber. Die Welt hält den Atem an, ein gigantisches Unternehmen läuft, aus Großdeutschland wird ein freies und unabhängiges Europa. Es sind wirklich aufregende Stunden, die wir durchleben. Am 22. Juni morgens um 7 Uhr war Waffenstillstand in Lothringen und damit Hahn in Ruh für unsere Div.. Genau ein Jahr später, fast auf die Stunde, werden wir die ersten sein, die die Grenze überschreiten. Diesmal liegt keine Maginot-Linie vor uns, siegreiche Feldzüge unter schwierigsten Verhältnissen haben das Selbstvertrauen der Truppe zu jener Sicherheit gestärkt, die auch die Weite des östlichen Raumes mit seinen besonderen Verhältnissen nicht schrecken können.
Als das erste Stichwort durchkam, neulich Abend, als wir friedlich bei einer Pulle letzter französischer Reminiszenzen saßen, gab es mir doch einen kleinen Ruck. Selten hat wohl ein Heer vor einer derartigen Aufgabe gestanden, die durch die bewusste politische Irreführung vollkommen getarnt vorbereitet werden konnte. Unsere Führung ist so genial und einmalig, dass das Vertrauen zu ihr trotz wachsender Aufgaben nur immer größer wird. Du weißt ja, wie lange ich schon versuche, in Großräumen zu denken, und weißt auch, dass ich diese Entscheidung herbeigewünscht habe, weil sie erst das Werk vollendet, nämlich die endgültige Befreiung und Unabhängigkeit Europas.

Hoffentlich habt Ihr die geeigneten Karten, um unseren Weg verfolgen zu können. Es ist ja doch ein eigenartiges Gefühl, so an der Grenze entlang zu fahren, drüben laufen russische Grenzsoldaten, Bauern arbeiten auf dem Felde und dabei zu wissen, in wenigen Stunden braust der neue Blitzkrieg darüber hin. Das ist ja das Begnadete an dem Führer, dass er so urdeutsch in seinem Denken und Fühlen ist und dabei die unerhörte Härte hat, mit ganz undeutschen Mitteln zu arbeiten, Mitteln, wie sie gerade zur Bekämpfung dieses besonderen Gegners nur zu angebracht sind. Vielleicht wird die Geschichte einst von ihm sagen, dass er in gutem Sinne der größte Schüler Macchiavelli's gewesen ist.
Du kannst Dir denken, dass man zu längeren Betrachtungen nicht in Stimmung ist, wenn es gilt zu handeln. Mit der Feldpost wird es wohl nicht immer so schnell klappen, das ist aber kein Grund für irgendwelche Besorgnisse. Dafür werden die Gedanken oft genug hin und her wandern.(...)
So, es wird verladen und ich muss schnell meine letzten Sachen packen. Innige Grüsse, Euch, meinen Lieben, und so Gott will auf ein gesundes Wiedersehen nach dem Sieg!

Dein Manfred

Der Angriffsbefehl

Der Tag des Angriffs war gekommen. Und damit lüftete sich auch der Schleier über das, was in den letzten Wochen und Monaten entlang einer Front, die Europa von Nord nach Süd über 2000 Kilometer Länge zerschnitt, geschehen war. Mit dem üblichen Pathos hatte sich Adolf Hitler in einem Tagesbefehl „An die Soldaten der Ostfront" gewandt: *„Wenn diese größte Front der Weltgeschichte nunmehr antritt, dann geschieht es nicht nur, um den großen Krieg überhaupt zu beenden, sondern um die ganze europäische Kultur zu retten. Deutsche Soldaten! Damit tretet ihr in einen harten und verantwortungsschweren Kampf ein! Denn: Das Schicksal Europas, die Zukunft des Deutschen Reiches, das Dasein unseres Volkes liegen nunmehr allein in eurer Hand. Möge uns allen in diesem Kampf der Herrgott helfen!"*

In einer am selben Tag übertragenen Rundfunkansprache an die Menschen in Deutschland sagte er: *„Deutsches Volk! In diesem Augenblick vollzieht sich ein Aufmarsch, der in Ausdehnung und Umfang der größte ist, den die Welt bisher gesehen hat. Im Verein mit finnischen Kameraden stehen die Kämpfer des Siegers von Narvik am Nördlichen Eismeer. (...) Von Ostpreußen bis zu den Karpaten reichen die Formationen der deutschen Ostfront. An den Ufern des Pruth, am Unterlauf der Donau bis zu den Gestaden des Schwarzen Meeres vereinen sich unter dem Staatschef Antonescu deutsche und rumänische Soldaten. Die Aufgabe dieser Front ist daher nicht mehr der Schutz einzelner Länder, sondern die Sicherung Europas und damit die Rettung aller. Ich habe mich deshalb heute entschlossen, das Schicksal und die Zukunft des Deutschen Reiches und unseres Volkes wieder in die Hand unserer Soldaten zu legen."*

Und die Soldaten? Sie sind gespannt. Vor allem aber sind sie erleichtert, dass die lange Zeit des Wartens nun endlich ein Ende gefunden hat. Aber was wird sie in Russland erwarten? Und werden sich die bisherigen Erfolge für die Wehrmacht wiederholen? Neben aller Siegeszuversicht, aller Euphorie und allem Optimismus, denen wir in den folgenden Briefen begegnen, schleicht sich deshalb schon sehr früh, wenngleich auch nur gelegentlich, eine dunkle Ahnung bei vielen Briefschreibern ein, dass dies alles kein weiterer „Spaziergang" werden wird. Russland war eben nicht Frankreich und die Rote Armee ein anderer Gegner als etwa Franzosen, Holländer oder Briten. Doch die Überraschung war gelungen. Im Tagebuch des OKW findet sich für den Morgen des 22. Juni folgender Eintrag: *„Im Laufe des Vormittags verstärkt sich der Eindruck, dass die Überraschung in allen Abschnitten gelungen ist. Der Gegner setzt dem Angriff zunächst nur schwachen Widerstand entgegen. An der ganzen Front gelingt es, schon in den Morgenstunden 4–5 km tief vorzustoßen und in die feindl. Grenzverteidigung einzubrechen."* Doch nicht überall ging der Vorstoß leicht vonstatten. Klaus K., der im Flak-Regiment „General Göring" diente, schreibt noch am Angriffstag an seine Eltern. Und schon bei seinen Schilderungen der ersten Kriegsstunden deutet sich an, dass der Vormarsch nach Osten nicht gerade leicht werden würde. K. schreibt:

22.6.41

Die Nacht haben wir gar nicht geschlafen. Um Punkt 3.15 fängt unsere Artillerie aus hunderten von Rohren an zu feuern. Es ist noch halbdunkel, schon brennen drüben die ersten Dörfer. Wir übernehmen den Flakschutz für den Grenzübertritt. Eine Andere Batterie von unserem Regim. schießt mit drei Schüssen den Kirchturm zusammen in dem sich eine russische Beobachtungsstelle befand. Nach drei Stunden lässt das Feuer nach indem uns die Russen nichts schuldig geblieben sind. Auf unserer Seite steigt ein Fesselballon auf. Von der russischen Luftwaffe haben wir bis jetzt noch nichts gemerkt. Ein par Bomber von uns überfliegen die Grenze. Fliegen aber weit ins Hinterland.
Mittags gehen wir bei Sokel über die Grenze Am Stadtausgang ist noch eine Flakbattr. beim Bunkerbeschuss. Wir gehen mit den Panzern vor. Die ersten gefangenen Russen werden eingebracht. Die Straße übertrifft an Schlechtigkeit alles was wir bis jetzt gesehen haben. Es geht langsam vorwärts. Wir sind immer bei den Panzern, um gegen russische Panzer eingesetzt zu werden. Haben aber noch keine Gefechtstätigkeit gehabt. Diesen Tag kommen wir 30 – 35 km vorwärts. Die Russen verteidigen sich unerhört zähe. Es sind wenig Gefangene.

Dies sollte kein „normaler" Krieg werden. Das ließ sich bald erahnen. Doch erst einmal berichten die Feldpostbriefe, die nun in die Heimat geschickt werden, davon, dass der jeweilige Absender bei einem „historischen Ereignis" „mit dabei" ist bzw. in umgekehrter Richtung der Adressat „mit dabei" ist. So auch bei Eugen Altrogge, Jahrgang 1919, aus Gelsenkirchen. Er kam 1937 zur Wehrmacht und war während des Krieges den Infanterie-Regimentern 591 und 597 unterstellt. Beim Angriff auf Russland war er an der Kanalküste stationiert. Hier schreibt er seinem Freund Hans Albring, der im Osten stationiert ist, am 22.6.1941:

Lieber Hans!

Nun weiß ich, daß Du wieder dabei sein wirst. Das war, das mußte das erste sein, was ich bedachte, als ich heute morgen das Ungeheuerliche, das Unerwartete (zu diesem Zeitpunkt Unerwartete) erfuhr. Für alles Schwere, das Du nun wieder bestehen wirst, meine guten Wünsche: Gottes Schutz für Dich! Auch in diesem Zeitpunkt will mich der gute Glaube nicht verlassen, daß Du gesund wiederkommen wirst.
Welches ungeheure Gebiet liegt nun vor uns, vor Euch, die Ihr das alte geheimnisvolle Rußland - den modernen, grausamen Sowjetstaat betretet! Fernab aller politischen und militärischen Erwägungen will ich hoffen, viele Menschen möchten wirklich eine Freiheit von dem Bolschewistenjoch erfahren, ich denke besonders an die Ukraine. Es ist nicht mehr abzusehen, welche Grenzen – der Zeit und des Raums – wir für diesen Krieg abstecken sollen. (...)

Der „entgrenzte Krieg“ – die historische Bedeutung und Zäsur, die der Angriff auf Russland darstellte, wurde auch von vielen Briefschreibern an der Front erkannt. Gustav Böker, Soldat der Panzerjäger-Abteilung 111 bzw. der schweren Panzerjäger-Abteilung A (beide 111. Infanterie-Division), war im Juni 1941 der Heeresgruppe Süd in Dubno in der Ukraine unterstellt. Er schreibt an seine Eltern:

In Russland, den 23. Juni 1941

16.00 Uhr

Ihr Lieben,

Am Sonntagmorgen seid Ihr doch bestimmt sehr erstaunt gewesen, als Ihr vom Beginn der Kampfhandlungen gegen Rußland hörtet. Vielleicht könnt Ihr jetzt auch verstehen, warum ich den Ort unseres Aufenthalts nach dem Stellungswechsel von Bialogon Euch nicht geschrieben habe.
Von Bialogon sind wir am 6. Juni 1941 abgefahren und am 12. Juni an der russischen Grenze gelandet. An 3 Tagen sind wir gefahren, sonst hatten wir in den einzelnen Orten Aufenthalt. Die Strecke betrug ungefähr 450 km. Die Fahrtstrecke verlief von Bialogon – Kielce – Sandomierz – Nisko – Zamosc – Typovce – Wyslawiece. In Wyslawiece hatten wir unsere Fahrzeuge stehen. Die Kompanie lag an verschiedenen Tagen an der Grenze. Verschiedene Geschütze standen ungefähr 100 m von der Grenze. Wenn wir nicht in Stellung waren, mußten wir Blenden bauen, damit der Russe nicht eine wichtige Aufmarschstraße einsehen konnte.
Am Sonnabendabend mußte ich mein Krad dann mit in Stellung nehmen. Ich mußte das Krad an diesem Abend ungefähr 2 km schieben. Daß ich hierbei tüchtig geflucht habe, könnt Ihr Euch wohl denken. Das Fahren war verboten, damit der Russe nichts merkte und hören sollte. Da wußten wir ja schon genug. Und am Sonntagmorgen 3.15 Uhr ging dann das Theater los. Somit

war der Tag unseres ersten Einsatzes gekommen. Jetzt sind wir einige zig km in Rußland drin. Hoffentlich geht alles so weiter, dann wird es nicht allzu lange dauern. Die Straßen oder Feldwege sind ziemlich schlecht hier. Und dann der Staub, wir sehen immer ziemlich dreckig aus. Das ist aber noch besser wie Regen, denn dann sieht es hier nicht rosig für unsere Fahrzeuge aus. (...) Es grüßt Euch alle, sowie Fa. Bartels

Euer Gustav

Und Hans-Joachim S., der beim Armee-Nachrichten-Regiment 511 der Heeresgruppe Mitte diente, schreibt an seine Frau:

23.6.41, 9 Uhr

Meine kleine liebe E.!

Dies soll nun der erste richtige Kriegsbrief werde. Das Garnison- und Etappenleben ist vorüber – der Krieg ist da! Der Krieg, an den wir bis zum letzten Augenblick alle nicht glauben konnten und auch nicht wollten, ist doch mit diesem neuen Kriegsschauplatz der Friede und Heimkehr in weite Ferne gerückt. 24 Stunden Krieg, viel haben wir noch nicht erlebt, trotzdem waren wir Zeuge vom Anlaufen der gewaltigsten Kriegsmaschine, die wohl jemals in Betrieb gesetzt wurde. Am Vorabend, 4 km von der feindlichen Linie, ahnten wir das große Ereignis schon (eben gingen 2 Bomben mit ganz netter Detonation in Sichtweite nieder). Trotzdem schliefen Helmuth u.

ich in meinem PKW sehr gut – bis um 3.05 morgens die ersten Granaten über uns hinweg zum überraschten Russen flogen. Einige Aufklärer flogen die Grenze entlang, am Horizont, vor der Morgenröte, stiegen die ersten Rauchwolken auf. Das war der Kriegsbeginn! Seit jener Stunde läuft die Maschine ohne Unterbrechung. Deutsche Staffeln, Bomber, Stukas, Jäger, Zerstörer ziehen unverdrossen ihren Weg. Russische Flieger erscheinen frech, sehr tief und ahnen nicht, daß sie Minuten später ein Opfer unserer Jäger oder Flak werden.
Eine Rauchfahne kündet nur das Ende von Maschine und Mensch. Schon nach 24 Std. wird man gleichgültig und kümmert sich um keine Schießerei. In kurzer Zeit folgt der neue Marschbefehl, wir folgen heute 90 km weiter und rechnen uns aus, wann wir in Moskau eintreffen können. Viel könnte ich Dir noch schreiben, doch ich hoffe diesen Brief einem zurückfahrenden Melder mitgeben zu können.
In inniger Liebe grüße und küsse ich Dich, bleibe meine liebe kleine Frau

Dein Vatile

Schneller Vorstoß hier, überraschend hartnäckiger Widerstand dort. Das war das, was die ersten Kampftage im Osten auszeichnete. Im Tagebuch des OKW heißt es bereits am zweiten Tag des Feldzuges, am 23.6.1941: *„Osten: An allen Stellen der Ostfront gelingt es, den Überraschungserfolg des ersten Angriffstages weiter auszubauen. Die eigene Luftwaffe beherrscht den Luftraum. Die feindl. Grenzstellungen werden vielfach durchbrochen. Der Gegner beginnt, an vielen Stellen hartnäckigen und erbitterten Widerstand – oft unter Einsatz von Panzern – zu leisten. Die operativen Absichten des Gegners sind noch nicht klar zu erkennen."*
Und so ist auch im Brief des bereits oben erwähnten Klaus K. an seine Eltern von einem schnellen Vorrücken keineswegs mehr die Rede. Ganz im Gegenteil:

23.6.41

Um 3.15 geht es weiter. Wir haben von unserer Luftwaffe bis auf einen Aufklärer noch nichts gesehen. Nachtmittag geht die Batterie mit den Panzern vor. Ein Dorf ist voll von Panzern. Wir kommen in ein schweres Gefecht. Unser Hauptmann und ein Kanonier von meinem ehemaligen Geschütz wird tödlich verletzt.
Außerdem 7 Verletzte, auch mein ehemaliger Geschützführer. Ein Geschütz bekommt einen Volltreffer. Und fällt aus. Wir geben gerade die Gefechtsmeldungen mit Funk weiter. Im selben Moment 5 russische Jäger im Tiefangriff auf unsere Kolonne. Wir haben gerade noch Zeit den Stahlhelm aufzusetzen und rennen ins Kornfeld in Deckung. Unsere leichte Flakgeschütze feuern wie wild, können aber nur erreichen, daß der Russe vorsichtiger wird. Ein Flugzeug wird beim letzten Angriff mit M.G. von uns abgeschossen. Am selben Tag noch 5 Tiefangriffe mit leichten Bombenwurf. Unsere schweren Batterien können auch nicht mehr schießen, weil sie alle gegen Panzer eingesetzt sind. Unsere Batterie schießt 7 Panzer ab. Im Ganzen mit den anderen Batterien und Panzern werden 40 russische Panzer abgeschossen, bei uns fallen 3 Panzer aus. Das ist eine sehr hohe Leistung, denn die modernen russischen Tanks kommen mit unseren bestimmt gleich. Der Russe ist sehr gut ausgerüstet und kämpft unerhört zähe. Die Russen ziehen sich zurück. Wir kommen noch 5 klm vor und übernachten an der Straße. Es ist jetzt die dritte Nacht wo wir Funker nicht geschlafen haben. Man schläft mitten im Spruch beim Schreiben ein. Es kommen noch zwei Sprüche durch. Die Anerkennung für den heutigen Erfolg.

Und Beileid zum Tode unseres Chefs.

Unter dem Datum 24. Juni heißt es bei ihm in einem weiteren Brief:

Morgens 3.15 geht's weiter. Ich werde abgelöst und schlafe mich 4 Stunden mal richtig aus. Aber schon wieder geht es los 30 - 40 Bomber greifen die Straße an. Weiter nichts als vom Wagen runter und volle Deckung, als die Bomben raus waren. Im Tiefflug wieder und uns mit MG. beharkt. Aber wir haben auch diesmal Glück. Wir schießen mit MG. und 2 cm aber bei so vielen hat es keinen Zweck. Sie werden immer frecher, kommen bis auf Häuserhöhe runter. Beim Abflug wird eine von unserem 2 cm Geschütz erwischt und geht runter. Das ist bis jetzt der 2te. Wir gehen neben der Straße in einem Wald gegen Panzer in Stellung. Wir sind gut getarnt und Tiefflieger sehen uns nicht. Den Tag noch 3 Stunden Bombenangriffe auf die Straße. Panzer kommen nicht. Fahren abends weiter.

Die nächsten Tage immer dasselbe von morgens bis abends Flieger. Es geht langsam vorwärts. Dubno, Ostro sind die nächsten Städte. In Ostro liegen wir 3 Tage fest. An einem Tag zählen wir 62 Angriffe mit jedes Mal 10 - 20 Maschinen. Geht aber für die vielen Angriffe mit wenig Ausfällen ab. Wir haben bei einem Bombenangriff 7 Tote und 8 Verwundete. Hinter Ostro eine Bunkerlinie, ist aber nicht besetzt. 80 klm weiter alles verwüstet. Eine Änderung tritt ein. Wir haben jetzt Jäger und Bomber. An den Straßen ungeheueres Kriegsmaterial. Was man zu erst überhaupt nicht gesehen hat. Heute am 6.7.41 hat ein Geschütz 2 Bunker aufgekracht im direkten Beschuss aus 2000 mtr. Ein paar Tage ging es mit den Fliegern. Die Russen werden aber wieder aktiver. Wir haben unerhörte Lebensmittel erbeutet. Tausende von Eiern. Wir essen von morgens bis abends Eier.

Aus dem Osten Polens, entlang der deutsch-russischen Demarkationslinie, berichtet Franz Siebeler an seine Eltern ebenfalls von schweren Kämpfen und von ersten Maßnahmen gegen die Zivilbevölkerung:

Am Bug, den 24.6.41.

Ihr lieben Alle!

Wir warten, dass es weitergeht. Die Strassen sind von vorrückenden Kolonnen verstopft und da kann es noch einige Zeit dauern. Ich will sie benutzen, um Euch noch einige Zeilen zu schreiben. Wir liegen hier im Zentrum der Front und der Widerstand des Feindes ist hart. Es hat die heftigsten Anstrengungen gekostet, um ihn aus seinen jetzigen Bunkerstellungen zu vertreiben. Mehrmals musste die Infanterie zurück, da die Roten die Massen wie im Weltkriege vorwerfen. Jetzt scheint der Vormarsch aber zu rollen. Unsere Panzer greifen an! Die werden es schon schaffen. In der Ferne hört man Artilleriefeuer. Der Feind ist rd. 30 km zurückgeworfen.
Wir haben gestern Morgen mehrere Bombenangriffe der Roten erlebt. Auf einen Schlag erschienen 27 Martin-Bomber. Die Bomben saßen gut. Eine traf die Brücke welche aber unterdessen von den Pionieren wieder hergestellt worden ist. Tote hat es durch die Bomben nur wenige gegeben, aber nicht bei unserer Einheit. Ein Reihenwurf der Roten schlug 300 vor unserer Stellung ein. Da lagen wir aber schnell mit der Nase im Dreck. Weit wagen sich die Brüder aber nicht vor. Bis zu den Batteriestellungen und dann schnell zurück.
Seit gestern Mittag fliegen die Jäger dauernd Sperre und kein Roter lässt sich mehr sehen. Auf dem Rückflug kamen gerade die ersten zwei Messerschmitt, die nämlich prompt je einen Russen abgeschossen haben. Das war eine Freude, als die beiden brennend abstürzten. Später, bei einem der nächsten Angriffe, schoss eine andere Me noch einen großen Bomber ab. In der

Abenddämmerung flogen noch mal 4 Rote ein, von denen einer durch Flak abgeschossen wurde. Es ist eine Freude zu sehen, wenn die Me 109 mit 700 km Stundengeschwindigkeit vielleicht 100 - 150 m über uns hinwegbrausen.
Der Feind hat sonst starke Verluste gehabt. Die Bunker sind niedergekämpft. Nach Aussagen der Stosstrupps haben die politischen Kommissare ihre Leute mit vorgehaltener Pistole gezwungen, wieder in die Bunker zu gehen, die sie infolge des Artilleriebeschusses verlassen hatten. Die Zivilbevölkerung hat aus dem Hinterhalt sich an diesen Kämpfen beteiligt. 20 Personen, darunter 2 Frauen, wurden standrechtlich erschossen. Das ist auch mehr wie Recht, denn was Gemeineres gibt es wohl kaum. Die umliegenden Orte sind fast vollkommen zerstört, z.T. durch die russische Artillerie, die nach unsere Infanterie schoss, die sich dort festgesetzt hatte.
Nachts war der Himmel rot vom Feuerschein. Durchs Scherenfernrohr habe ich alles genau sehen können. Nun wird der Marsch bald weitergehen und wir brauchen uns von den Mücken nicht mehr zerstechen lassen!
Also alles Gute! Denkt an mich beim Beten! Tausend Grüsse und Küsse!

Euer Junge

Doch immer noch prägten mehrheitlich Optimismus und Siegeszuversicht die Briefe in die Heimat. So auch bei Helmut Nick, der bereits als Soldat der Korps-Nachrichten-Abteilung 443 (43. Armee-Korps) und der Infanteriedivisions-Nachrichten-Abteilung 196 (196. Infanterie-Division) 1940 am Frankreichfeldzug teilgenommen hatte. Nun rückte er zum zweiten Mal vor – nicht nach Westen, sondern nach Osten. Er schreibt am 24.6. an seine Frau:

Mein liebes Mädel!

Heute ist der 3. „Russentag" und wir sind schon ein hübsches Stück weitergekommen. Ich glaube, die größten Schwierigkeiten in diesem Krieg wird nicht der feindliche Widerstand werden, sondern die wunderschönen Straßen bereiten. Aber es gibt ja keine Schwierigkeiten, die nicht überwunden werden. Wenn ich auch nicht gerade an einen Blitzkrieg glaube, so jedoch an eine schnelle Beendigung. Gestern hat ein Truppmitglied und ich noch 2 von den Bolschewiken in einem Wald geschnappt. Schön ausstaffiert waren die gerade nicht. Unsere Anzüge sind doch dagegen schon bessere Sonntagskleidungen. Du müsstest uns mal nach einer Fahrt sehen, ich glaub Du würdest mich kaum kennen, so sind wir mit Landstraßenruß belegt. Na, dagegen hilft Seife und Bürste, die haben wir ja. Im übrigen können wir uns nicht beklagen. Verpflegung ist gut. Vor allem sieht man ein Weiterkommen, das ist die Hauptsache. Nur zum Urlaub der nach diesem Krieg ja kommen wird, werden wir eine nette Anfahrt haben. So, das war meine Wehrmachtsbericht-Fortsetzung. Nachher geht's weiter, dem Russen das Laufen beibringen (das er übrigens schon sehr gut kann). Euch allen herzl. Grüße und Dir lb. Küsse

Dein Helmut

Von der Südfront schreibt Hellmuth H., ein mehr als erfahrener Soldat, der beim Grenz-Infanterie-Regiment 122 (später nur Infanterie-Regiment 122 bei der 50. Infanterie-Division) diente, an seine Frau. H. hatte bereits die Feldzüge nach Polen und Frankreich und im Frühjahr gerade den Balkanfeldzug mitgemacht und war nun zum Sommerbeginn 1941 beim Ostfeldzug im Südabschnitt der Front eingesetzt.

24.6.41

M.l.B!

(...) Die Luft wird jetzt, auch für uns wieder etwas eisenhaltig werden; vorläufig haben wir im Kino die besten Plätze (vorne flimmert's und hinten sind die besten Plätze!); nur von der russischen Luftflotte bekommen wir gelegentlich etwas zu sehen und meine größte Sorge ist, daß Ihr etwa auch was zu spüren bekommt, bzw. bekommen habt. Nun, wir rechnen, daß auch in diesem Falle in ein paar Wochen der Fall ausgestanden ist, denn der Russe ist nicht allzu schneidig und von einigen Spezialformationen abgesehen, sicher mäßig ausgerüstet und ausgebildet. Mit der Post hierher und von hier wird es – wie direkt angesagt – zunächst sehr schlecht werden; Du wirst Dich also diesmal noch mehr in Geduld fassen müssen als in Frankreich und Dich vor allem von den dämlichen Gerüchten, die mit Sicherheit bald auftauchen werden, nicht aus der Ruhe bringen lassen. (...)
Also mal wieder etwas in Geduld fassen!

Herzlichst Dein H.

Und auch Hans-Joachim S., der im Bereich der schnell vorrückenden Heeresgruppe Mitte beim Armee-Nachrichten-Regiment 511 diente, schreibt am 26.6.1941 an seine Frau. Nur erahnen lassen sich die Brutalitäten „am Wegesrand“, verschwiegen werden sie jedoch nicht:

Mein liebes Evchen!

Die Post geht doch etwas später ab als vermutet, also schnell einige Zeilen. Der Vormarsch geht weiter – Richtungswechsel! Hauptmann stellt fest, dass dieser Vormarsch den in Frankreich in den Schatten stellt. Ungeheure Materialmengen rollen – gestern 100 km lange Kolonne überholt. Dazwischen immer noch heimtückische Überfälle durch Russen. Werden sofort erschossen – liegen haufenweise im Straßengraben. Russische Bomber werden am laufenden Band durch Jäger abgeschossen. Kaum ein Bomber, der einfliegt, kehrt zurück. Vorgestern beschoss ein frecher Hund Helmuth's Wagen – kam auf 50 m herunter. Stimmung ganz groß! Requirierten Seife, Tee, Butter, Eier, Hühner, schlafen nur unter freiem Himmel, bezw. im PKW. Das Wetter ist drückend heiß. Staub – Staub – Staub. So wird unser Leben nun wochenlang weitergehen. Eben kommt ein Kamerad mit Krad an, der 3 Tage verlorengegangen war. Hat uns endlich wiedergefunden.
Ich bin jedenfalls glücklich, dabei sein zu können, bei dem größten Feldzug der Weltgeschichte.

Schluss, muss weg, Dein Manile

Ebenfalls aus dem Südabschnitt der neuen Front meldet sich Heinz Rahe, der am 22. Juni 1941 mit der 13. Panzer-Division (Panzergrenadier-Regiment 66) in die Ukraine einmarschiert war, bei seiner Frau in der Heimat. Und auch in seinem Brief lesen wir in relativ freimütigem Ton von Erschießungen von Zivilisten und gefangen genommenen russischen Soldaten. Der Vernichtungskrieg im Osten mit all seinen Barbareien kündigt sich an:

26.6.1941

Meine liebe Ursula!

Zunächst das Bulletin des heutigen Tages: Mir geht es gut. (...) Nun willst Du sicher etwas mehr von mir hören. Ganz in der Ferne hört man Geschützdonner, im übrigen beherrschen Staub und Hitze alles. Zuletzt schrieb ich Dir aus der Stadt Hr. Gegen 20 Uhr fuhr ich vorgestern von dort ab mit meinem Solomelder und einer Tank-Kolonne. Kurz hinter der Stadt Hr hörte die Straße auf, es begann ein Knüppeldamm. Zur Seite standen Soldaten, die jedes Fahrzeug einwiesen und sofort den Weg wieder aufschütteten. Nach einigen Kilometern ging es eine Böschung hinab über einen schmalen Fluss auf einer provisorischen Holzbrücke. Am andern Ufer begann ein Sandweg, es kam ein kleines Wäldchen, Erhebungen mit Stacheldraht, ein totes Tier: Wir waren in Rußland.
Nun begann ein tolles Fahren mit Überholen von Kolonnen, es war zum Glück helle Nacht; denn wir mußten ohne Licht fahren, nur in der Ferne war ein Feuerschein, ein brennendes Dorf. Unser Überholen gab oft Anlaß zum Schimpfen, bis wir schließlich vor einer schmalen Holzbrücke standen, wo alles stockte. Bald ging es weiter, bis wir endgültig festsaßen. Das hatte den Vorteil, daß man für 2 - 3 Stunden die Augen schließen konnte.

Erst als es dämmrig wurde, ging es wieder. (...)
Die Wege wurden allmählich immer morastiger, wie Gummi gab der Autogrund nach unter den schweren Wagen. Als es dunkel wurde, kamen wir in das Städtchen L.. Am Eingang brannten die Trümmer einiger Häuser. Die Bevölkerung war nicht geflohen. Auf einem kleinen Platz standen viele Soldaten und redeten eifrig auf einen Juden ein, der sich vor Lebensangst nicht zu helfen wußte. Flehentlich lag er am Boden. Er soll mitschuldig gewesen sein bei der Verstümmelung zweier deutscher Flieger, die notlanden mußten. Kurz darauf hörte ich einige Pistolenschüsse. (...)
Die Nacht schlief ich im LKW sehr gut, morgens verausgabte ich meinen Sprit, dann ging ich mit Berndt auf die Reise. Mittags sahen wir, wie Fußsoldaten die Kornfelder und Gehöfte absuchten und flüchtige Soldaten aufscheuchten. Das gab ein lebhaftes Geknalle; denn diese Heckenschützen nahm man nicht gefangen. Stattdessen gingen die Gehöfte im Flammen auf, in denen man etliche fand. (...)
Demnächst mehr, sofern ich Zeit habe. Ich grüße Dich von ganzem Herzen!

Dein Heinz

Anton Böhrer, der in den Artillerie-Regimentern der 221. und der 294. Infanterie-Division seinen Dienst versah, rückte im Barbarossa-Feldzug als Teil der 2. Armee durch Polen und die Ukraine nach Russland vor. Auch bei ihm ist große Siegeszuversicht spürbar – noch!

Freitag, 27. Juni 41

Meine Lieben!

Meinen letzten kurzen Bericht werdet Ihr nun auch erhalten haben u. ich hoffe, daß Ihr alle so wie ich recht gesund seit u. guter Stimmung, die ich besonders heute habe. Wir haben nämlich seit einigen Tagen recht schöne Erfolge zu verzeichnen gehabt und haben ganze Artillerie-batt. aufgerieben, sogar die warme Suppe haben die „Roten Hunde" auf dem Tische stehen gelassen. Wir waren trotz unserer schweren Brocken ziemlich vorne eingesetzt u. haben beim allgemeinen Russenrückzug ordentlich dazwischen gefunkt, daß alles in völliger Auflösung auf u. davon jagte. Es freute einen besonders, wenn man die Infanterie gewaltig unterstützen kann. Die Roten erleben jedenfalls eine große Schlappe u. Rußland wird endlich badisch werden. Jedenfalls werden wir mit Getreide gut versorgt, womit wir ganz Europa, das wir ja mit Ausnahme von England nun besitzen. (...)
Das hätte man wohl nicht gedacht, daß wir so stark sind nun so eine gewaltige Front gegen die Russen zu werfen. Wir waren alle sehr begeistert als der Aufruf des Führers am Vorabend bekannt gegeben wurde. (...)
Nun will ich schließen, grüßt mir alle recht herzlich von

Eurem Anton.

Und auch Gustav Böker, der sich aus der Ukraine bei seinen Eltern brieflich meldet, ging von einem kurzen Kriegsverlauf aus. Wie er sich täuschen sollte! Vielleicht lag dies auch daran, dass die Menschen in der Ukraine die Deutschen zunächst als „Befreier" mit Blumen begrüßten und Lebensmittel verteilten.

In der Ukraine, am 27.VI.1941

Ihr Lieben!

Heute haben wir einmal einen Ruhetag, so daß ich wieder einmal schreiben kann. 5 sogenannte Kampftage haben wir hinter uns. Mit dem Feinde sind wir aber noch nicht in Berührung gekommen. Er zieht es scheinbar vor, sich frühzeitig immer zurückzuziehen. Verluste haben wir daher noch nicht gehabt. Gestern hatten unsere Aufklärungsflugzeuge Panzeransammlungen festgestellt. Daher sind dann sämtliche Paks in Feuerstellung gegangen. Leider sind die feindl. Panzer dann nicht gekommen. Schade, wir hätten gern einmal etliche Panzer abgeschossen. Jetzt sind wir, d.h. unsere Division ungefähr 100 km in Feindesland. Hier ist genau derselbe Boden wie in Oberg. Die Ukraine können wir bestimmt gut gebrauchen. Was denkt Ihr wohl wie wir teilweise von der Bevölkerung herzlich begrüßt werden. Einige steckten uns Blumen an die Fahrzeuge, andere gaben uns Buttermilch, dicke Milch oder Weißbrot. Ja, die Ukrainer sind tatsächlich deutschgesinnt, ich hatte dieses bestimmt nicht erwartet. (...)
Ich rechne ja damit, daß dieser Krieg gegen Rußland nicht allzu lange dauert (4 Wochen?). Es kann ja auch anders kommen, wer weiß?
Mit vielen Grüßen verbleibe ich

Euer Gustav

Einen anderen – unheimlichen – Einblick in diese ersten Kriegstage gibt uns Kurt Marlow. Er hatte seinen Wehrdienst bereits 1936 abgeleistet. 1939 kam er zur Fronttruppe und diente hier als Sanitäter bei der Sanitätskompanie der 68. Infanterie-Division. Im Gefolge dieses Verbandes machte Marlow den Polen-, Frankreich- und Russlandfeldzug mit, wo die Division aus dem Raum Jaroslaw im Karpatenvorland über den San vorrückte. An Lemberg vorbei ging es über Winniza bis in den Raum Tscherkassy weiter. Hier bildete die Division den Flankenschutz der 6. und 17. Armee. Marlow schreibt am 28.6. an seine Frau – nicht ohne einen neuen Unterton mit rassistischen Randbemerkungen über „mongolisches Untermenschentum“:

28.6.41.

Mein liebes Dorlechen!

(...) Heute Vormittag bekamen wir plötzlich aus heiterem Himmel wieder Artilleriebeschuß, immer so in der Entfernung von 150 - 200 Meter, diese Lehmhäuser sind vielleicht in die Luft geflogen. Der Beschuß dauerte aber nicht sehr lange ungefähr eine halbe Stunde. Was in diesem Abschnitt an russischem Material liegt ist ungeheuer, die Leute haben einfach alles stehen und liegen lassen und sind getürmt. Du müßtest nur einmal die Landser sehen wie sie an den russ. Autos und Schleppern herumbauen und dann damit abgondeln. Wir haben uns mehrere neue Lastwagenanhänger und Motorräder organisiert.
Wie wir in diese Ortschaft kamen mußten wir nur lachen wie die Zivilbevölkerung in den fremden Wohnungen hausten, sie klauten einfach alles was nicht niet und nagelfest war. Die Türen wurden einfach kurzerhand eingeschlagen u. dann ging

es los, hoch bepackt zogen sie dann wieder ab. Wie hier noch das russische Militär lag herrschten unbeschreibliche Zustände, die ukrainischen Männer wurden zum Wehrdienst erpresst und zwar vom 18. - 50. Lebensjahr, aus diesem Grunde versteckten sich viele.

Mir erzählten hier Leute einfach tolle Sachen, viele Frauen wurden einfach mit fortgeschleppt was ihnen blühte kannst Du Dir ja denken. Die Kinder erstochen und zwar mit dem Bajonett, alles nur aus Wut darüber weil sich die Männer weigerten oder versteckt hatten in diesen riesigen Wäldern um nicht russische Soldaten zu werden. Sie erzählten mir, dass sie Tag und Nacht gebetet hätten, daß die deutschen Soldaten doch recht bald erscheinen mögen.

Am wüstesten hausten hier die Mongolen, wenn ich diese schlitzäugige Rasse, wenn ich diese Blase schon sehe bin ich restlos bedient, Du müsstest nur sehen, wie dieses Untermenschentum angewinselt kommt. Wir kennen ja keine Rücksicht mehr, ich möchte ja nur wissen wie sie mit unseren eigenen Leuten verfahren. Die Deutsche sind ja viel zu human mit diesen Burschen. Das gemeinste ist es nur wenn auf unsere Leute gefeuert wird, ein zwanzig jähriger Kamerad ist gleich am ersten Tag gefallen.

Gerade kommen 2 Kameraden von der Kompanie ich will ihnen den Brief mitgeben.

Bleibe mir gesund es grüßt und küsst Dich

Dein Kurt

Auch der Vorstoß durch das von den Sowjets besetzte Polen konfrontiert die deutschen Soldaten zum ersten Mal mit den Hinterlassenschaften der sowjetischen Besatzungszeit. Das, was die Soldaten hier sahen, bereitete sie auf das vor, was sich in den nächsten Jahren im Osten an Grausamkeiten und entsetzlichen Verbrechen ereignen sollte. Franz Siebeler, der uns schon mehrfach begegnet ist, schreibt am 2.7.1941 an seine Eltern:

Ihr Lieben Alle!

Für Euren Brief v. 16.6. sowie die Zeitungen danke ich Euch herzlichst. Post ist in diesem Krieg die einzige freudige Abwechslung. Der Krieg gegen die Sowjets ist hart und grausam, Pardon wird nicht gegeben. Wir liegen kurz vor der alten russisch-polnischen Grenze. Die Roten sind ein fanatischer Gegner, die nur schrittweise zurückgehen. Oft lassen sie sich lieber abschießen, als sich zu ergeben. Wir kommen nur langsam vorwärts, da wir den Elitetruppen der Roten Armee gegenüberstehen. Auch auf unsere Seite gibt es empfindliche Verluste. Viele frische Soldatengräber ziehen sich auf unserer Vormarschstraße hin. In Luck haben die Roten in ihrem Parteihause vier notgelandete Flieger unter den viehischsten Qualen ermordet. Wer es nicht gesehen hat glaubt es nicht. Z.T. die Augen ausgestochen, Beine und Hände abgehackt, ferner mit glühenden Eisen an vielen Stellen verbrannt. Die Tränen kamen mir vor Wut in die Augen. Willi Schwabe habe ich in dieser brennenden Stadt auch getroffen. Schlafen kann man täglich nur sehr wenig, die Lage läßt es kaum zu. Man glaubt kaum, wie sich die Roten in dieser kurzen Zeit im alten polnischen Gebiet festgesetzt haben. Alle hervorragenden Häuser hier sind Parteibüros, komfortabel eingerichtet. Die Häuser der Bevölkerung sind dagegen Hütten. Das nennt sich dann Proletariat!
Im großen Ganzen ist der Krieg eine böse Sache. Wir graben uns täglich Deckungslöcher. Die russische Artillerie schießt

planmäßig das Gelände ab und ab und zu kommen auch die Flieger. Da schicke ich immer ein Stoßgebet zum lieben Gott! In unserer Protzenstellung schlug gestern eine schwere Fliegerbombe 2 m neben einem unserer Pkws ein, drückte ihn gegen den Gartenzaun und schlug die Scheibe entzwei. Weiter passierte nichts! Der Wagen ist ein Pechwagen und ich bin froh, nicht mehr in ihm fahren zu brauchen. Bei der ersten Nachtfahrt auf Feindboden sausten wir auf einen Lastwagen auf und zerschmissen das Vorderteil. Ein Glück, daß ich den Stahlhelm auf der Platte hatte, sonst hätte ich eine schöne Beule bekommen. Da hier einer unserer Fernsprecher sich den Arm gebrochen hat, vertrete ich ihn. Bin dadurch immer ganz vorn. Gestern schoss ein deutscher Jäger von 5 feindl. Bombern 3 ab. Auch die Flak holte einige runter. An der Vormarschstraße stehen eine Menge vernichteter Feindpanzer, z.T. schwersten Kalibers. Nun genug vom Krieg! Hoffentlich ist der Zauber bald vorbei.
(...)
Für heute will ich schließen. Denkt an mich im Gebet.
Es grüßt tausendmal

Euer Junge.

Nationalsozialistische Hasspropaganda, aber auch die unübersehbaren Gräuel der Roten Armee trugen ihren Teil dazu bei, dass den Soldaten sehr schnell klar wurde: Hier ging es um einen Weltanschauungs- und Vernichtungskrieg, der die UdSSR bis zum 8. Mai 1945 fast 21 Millionen Menschenleben, darunter über sieben Millionen Zivilisten, kosten sollte. Nie zuvor hatte ein Krieg so viele Opfer auf allen Seiten gefordert – mehr als 50 Millionen. Doch für einen überzeugten Nationalsozialisten wie Manfred von Plotho, der später als 1a Offizier (stellv. Erster Generalstabsoffizier) der 6. Armee in russische Kriegsgefangenschaft gehen sollte, war zu diesem Zeitpunkt sicher: Der Kampf musste geführt werden. Am 30.6.1941 schreibt er an seine Frau:

Liebe Ingrid,

bewegte Tage liegen wieder hinter mir voll buntesten Erlebens und voll von den verschiedenartigsten Eindrücken. Seit heute morgen ziehen deutsche Truppen nach Lemberg hinein, unsere überaus tapferen Nachbarn, Geb. Jäger, die schon im Polenfeldzug hart um L. gekämpft haben und nun in ihren alten Stellungen, wenn auch diesmal nur für Stunden gelegen haben. Ich war mit Burmeister schon gestern Abend auf einer Höhe in der unmittelbaren Umgebung von L. und habe mit einem prachtvollen Oberjäger auf die Stadt geschaut, die 39 so viel gutes deutsches Blut gekostet hat. Auch diesmal ist uns nichts geschenkt worden. Der Kampf wird mit fürchterlicher Härte geführt. War der Sieg im Westen ein Sieg überlegener Führung mit revolutionärer Ahnung im Verein mit besserer Bewaffnung und Ausbildung, so wird der Sieg im Osten nur durch Überlegenheit des deutschen Soldaten als Kämpfer mit anderem ideologischen Hintergrund erfochten werden können. Unsere Männer, auch die, die Polen und Frankreich mitgemacht haben, haben bereits in diesen Wochen andere Gesichter bekommen. Von unseren näheren Bekannten sind die meisten noch wohlauf. (...)
Mein alter Kdr. vom Rgt. wurde gleich am ersten Tag verwundet, und von meinen guten Bekannten hat manch einer ins Gras gebissen. Die Truppe ist jetzt hart und kampferfahren geworden. Hier weiß jeder, worum es geht, und es gibt nicht einen, der die dringende Notwendigkeit dieses Kampfes nicht einsehen gelernt hat. Wenn wir den Russen jetzt nicht zuvorgekommen wären,

hätten wir den Kampf im nächsten Jahr unter sehr viel ungünstigeren Verhältnissen aufnehmen müssen. Über die aggressiven Absichten der Russen kann nach dem vorliegenden Material kein Zweifel bestehen. Wie sehr verstehen wir jetzt die Worte des Führers, mit denen er seine Proklamation einleitet: „Von schweren Sorgen bedrückt, zu langem Schweigen verurteilt, ist jetzt endlich die Stunde gekommen, da ich zu Euch, Soldaten der Ostfront, offen sprechen kann."
Ich war heute Morgen mit Burmeister zusammen in Lemberg. Kaum wiedergebbare Eindrücke. Bei strahlender Morgensonne zogen unsere braven Soldaten in langen Kolonnen nach Lemberg. Jeder Soldat wurde von der Bevölkerung, die in dichten Reihen die Straße säumte, mit Blumen geschmückt. Jedes Fahrzeug, jedes Maultier hatte Blumen. Manch eine Frau weinte vor Freude. Hier sind wir wirklich als Befreier von einem unerträglichen Joch gekommen. Verhärmte Gesichter, armselige Kleidung sprechen eine deutliche Sprache. Noch deutlicher war die Sprache der Gefängnisse. Ich habe in den G.P.U. Gefängnissen Bilder gesehen, die ich Dir in Deinem Zustand nicht beschreiben kann, auch nicht will. 3.000 bis 5.000 Menschen liegen in den Gefängnissen auf die bestialischste Weise abgeschlachtet. Zum größten Teil Ukrainer, viele Polen. Systematisch haben die Sowjets alles erledigt, als L. für sie unhaltbar wurde.
Wie manchmal habe ich gedacht bei Schilderungen aus dem bolschewistischen Russland oder damals aus dem roten Spanien, das ist übertrieben, das ist ein primitiver Appell an Sensationsinstinkte. Heute weiß ich es besser. Es gibt keine Feder, die das bestreiten kann, was wir hier sahen. Kein Verlag, keine Zeitung würde in einem zivilisierten Land eine wortgetreue Schilderung drucken können, einfach aus dem Grunde des Anstandes. Und mit dieser Unterwelt hat sich London verbündet. Diese jüdisch-asiatischen Horden wollte man auf unser altes Kulturland loslassen. Welch widerlicher Zynismus, welch ein Verbrechen an jedem Glauben an das Gute und Schöne in

dieser Welt. Wie sehr verstehe ich jetzt die bittere Anklage in den Büchern von Edwin Erich Dwinger gegen England. Schon 1920 sind es die Engländer gewesen, die den weißrussischen Armeen in den Rücken gefallen und so den endgültigen Untergang des bürgerlichen Russland mit verschuldet haben. Fluch über diese Nation, der nichts heilig ist als ihr Geldbeutel, deren angenehme Lebensformen nur eine Tünche ist, hinter der sich kältester Egoismus und völliger Mangel an echtem Menschentum verbirgt.
Es ist eine Linie von den Opfern von Lemberg über die von Bromberg, über die Millionen der russischen Revolution und der Hungerblockade des Weltkrieges zu den Opfern des Burenkrieges, der Opiumkriege, zu den Gräueln in Indien und denen des Sklavenhandels. Immer sind es diesseitige, materielle Beweggründe gewesen, nie hat ein jenseitiger Gedanke, ein hohes Ideal diesem Volk einen Impuls gegeben. (...)
Hier gibt es keinen Kompromiss mehr, hier werden wir die harten Soldaten Adolf Hitlers, die die europäische Kultur entweder zu einer neuen Blüte führen oder sie mit uns in den Abgrund völliger Vernichtung ziehen. Nun, die bisherigen Erfolge gegen einen hart und verbissen kämpfenden Gegner geben uns Zuversicht, auch hier Sieger zu bleiben.

Einen Tag zuvor, am 29.6.1941, hatte Stalin in Moskau den „Großen Vaterländischen Krieg“ zur Verteidigung der Sowjetunion ausgerufen. Ein ganzes Volk erhob sich. Und 4,7 Millionen Rotarmisten setzten sich langsam und unaufhaltsam in Bewegung – gegen die Deutschen.

Von Erfolg zu Erfolg

Gut eine Woche dauerte der Feldzug im Osten nun schon. Und die Erfolge der Wehrmacht konnten sich sehen lassen. Mehr als ein Viertel der sowjetischen Flugzeuge war bereits in den ersten Kriegstagen vernichtet worden. Alle drei Heeresgruppen stießen weit in sowjetisches Gebiet vor. So überrannte die Heeresgruppe Nord mit drei Armeen innerhalb kürzester Zeit Litauen, setzte an mehreren Stellen über die Düna und hatte bereits am Ende der ersten Juliwoche nahezu das gesamte Gebiet Lettlands besetzt. Im Zentrum durchbrach die Heeresgruppe Mitte mit vier Armeen die sowjetischen Stellungen und eroberte die „Kriegsbeute" der UdSSR, Ostpolen, das die Sowjetunion 1939 annektiert hatte. Und die Heeresgruppe Süd marschierte mit vier Armeen durch den Süden Polens in die Ukraine ein. Überall stießen die Panzerverbände nach dem Muster der „Blitzkrieg"-Strategie im Zusammenwirken mit der Luftwaffe als erstes vor. Danach folgte die vielfach kampferprobte Infanterie. So gelang es, in großen Kesselschlachten riesige sowjetische Truppenverbände einzuschließen und zu vernichten. Ziel der Deutschen war es dabei, die Sowjets so grenznah wie möglich zu schlagen, um zum einen die sowjetische Regierung womöglich schnell durch die großen Verluste von der Aussichtslosigkeit der Lage zu überzeugen und zur Aufgabe zu zwingen. Zum anderen sollte verhindert werden, dass die Russen sich – ähnlich wie bei Napoleon – in die Weiten ihres Landes zurückzögen und die Wehrmacht gezwungen wäre, die Rote Armee in einem langen, verlustreichen Krieg über viele tausend Kilometer hinweg zu verfolgen.

Im Abschnitt der Heeresgruppe Mitte schien dieser Plan für die Deutschen auch erst einmal aufzugehen. Der OKW-Bericht meldete für den 10. Juli die Doppelschlacht von Bialystok und Minsk. 323.898 Rotarmisten gerieten in Gefangenschaft, mehr als 3.000 Geschütze wurden erbeutet und 3.300 Panzer zerstört. Danach rückte die Heeresgruppe Mitte gegen Smolensk vor, wo es von Juli bis September zu einer weiteren für die Wehrmacht siegreichen Kesselschlacht kam. Im Kriegstagebuch des OKW heißt es dazu am 30. Juni 1941: *„OKH weist die H.Gr. durch Fernschreiben auf die für die Fortsetzung der Operation in Richtung Smolensk entscheidende Bedeutung hin, daß zunächst so rasch wie möglich die Übergänge über den Dnjepr bei Rogatschew, Mohilew und Orscha sowie die Übergänge über die Düna bei Witebsk und Polotsk mit kampfkräftigen Teilen in Besitz genommen werden."*

Einige dieser Ortsnamen werden uns im Folgenden noch begegnen. Was aber am meisten zählt: Moskau lag danach nur noch 400 Kilometer weit entfernt von den deutschen Panzerspitzen.

Ähnlich sah die Lage bei den Heeresgruppen Nord und Süd aus. Der Heeresgruppe Nord gelang der Einschluss Leningrads. Im Süden konnten die Truppen der Achsenmächte, nach dem erfolgreichen Durchbruch durch die stark befestigte „Stalin-Linie", in der Kesselschlacht von Uman am 8. August bis zum Dnjepr vorstoßen. 100.000 Rotarmisten mussten sich ergeben.

Das alles waren große Erfolge. Doch von Kriegsbegeisterung und einem großen Enthusiasmus ist in den folgenden Briefen nicht mehr viel die Rede. Je weiter, so scheint es, die Deutschen nach Russland und vor allem auch in die wichtige Ukraine vorrückten, umso mehr trafen sie auf einen erbittert kämpfenden Feind, der überall verbrannte Erde, zerstörte Dörfer und Städte hinterließ. Noch kam der Vorstoß dabei nicht ins Stocken, aber er verlangte den Soldaten immer mehr Kraft ab. Dazu kam die Hitze des Sommers 1941 und der Anblick vieler, bis dahin nicht für möglich gehaltener Grausamkeiten, die die Autoren der folgenden Feldpostbriefe ihren Angehörigen in der Heimat erstaunlich offen schilderten.

Brücke über den Dnjepr

Einer von ihnen, Heinz Rahe, der beim Panzergrenadier-Regiment 66 als Teil der 13. Panzer-Division in der Heeresgruppe Süd gegen die stark befestigte „Stalin-Linie“ Richtung Kiew vorrückte, schreibt am 2.7.1941 an seine Frau:

R., 2. Juli 1941

Meine geliebte Ursula!

(...) Über die taktische Lage in unserem Abschnitt kann ich Dir schlecht schreiben, da ja stets die Möglichkeit besteht, daß die Post in feindliche Hände gerät. (...) Im Übrigen nimmt der Krieg immer schärfere Formen an. Schon vor einer Woche sah ich, wie deutsche Infanterie eine Gegend durchkämmte und alles niederknallte, was da zu finden war. Gestern Abend kamen nun einige Soldaten bei uns an von einer anderen Division. Ihre Kompanie war von Russen gefangen; man hatte ihnen Rock und Stiefel ausgezogen, sie in drei Scharen zusammengetrieben und dann zusammengeschossen.
Die Sowjets kämpfen mit großer Verbissenheit. Ein Gefangener öffnete seine Brust und sagte: „So, jetzt erschießt mich“! Ein anderer, der von seinem Flugzeug mit Fallschirm abgesprungen war, wehrte sich auch da noch, als man ihn gefangen nehmen wollte. Er schoß mit der Pistole, tötete einen und verwundete einen anderen, ehe er selbst getroffen wurde. Man kann schon sagen, daß diese Leute für ihre Überzeugung in den Tod gehen. Es mag allerdings auch sein, daß man ihnen auch Schauermärchen über uns und die Behandlung bei uns erzählt hat. Sicher ist jedenfalls, daß der Krieg wesentlich härter und schwerer ist als in Frankreich. Dort war ein morsches Volk, hier fanatische Kämpfer. (...).

Auch auf unserer Seite wird man natürlich schärfer. Heute sah ich, wie man einen Gefangenen kurz laufen ließ und dann umlegte. So entledigen sich beide Teile ihrer Gefangenen. So viele Tote wie heute habe ich noch nicht gesehen. Aber auch darin stumpft der Krieg ab, dass man den Anblick ruhig ertragen kann. Ich entsinne mich, wie ich in Troyes den ersten Gefallenen sah. Damals herrschte bei uns große Wut, ich selbst war innerlich aufgewühlt, obwohl ich den Gefallenen persönlich nicht kannte. Aber jetzt wird man allmählich gleichmütiger oder härter. Der Krieg macht hart und ist insofern eine gute Schule. Mein Lieb, nun habe ich Dir viel zu viel vom Krieg erzählt. Das ist vielleicht nicht richtig, aber ich bin nun mal so, daß ich Dir von meinen Erlebnissen genau berichte. Wenn dieser Brief in Deine Hände gerät, sind wir schon viel weiter, vielleicht ist der Feldzug sogar schon beendet. Daran glaube ich allerdings nicht. (...)

Ich grüße dich, meine Ursula, recht von Herzen.

Und auch Walter Neuser (Jahrgang 1915), der im Frankreichfeldzug und nun auch im Osten beim Artillerie-Regiment 59 diente, das nach Litauen einrückte, berichtete seinen Eltern aus dem Abschnitt der Heeresgruppe Nord Ähnliches: Schnelle Vorstöße der Wehrmacht, hohe russische Verluste und eine zunehmende Brutalisierung des Krieges. Das OKW-Tagebuch bemerkt dazu: *„Bei H.Gr. Nord tritt die Pz.Gr. 4 planmäßig aus den Brückenköpfen an der Düna in Richtung Opotschka-Ostrow an. Die 16. u. 18. Armee schließen unter Vorwerfen von Sicherungen an die Düna auf. (...) Mit Rücksicht auf die im rückwärtigen Gebiet immer noch vorhandenen Feindreste werden dem Befehlshaber im rückw. Heeresgebiet bei H.Gr. Mitte und Nord zusätzlich je 2 Div. unterstellt.“*

Klaus K., Soldat beim Flak-Regiment 22 und beim Flak-Regiment „General Göring", erzählte seinen Eltern ebenfalls von den zahlreichen Gräueltaten russischer Politkommissare, die – daran sei in diesem Zusammenhang nur erinnert – durch den „Kommissarbefehl" vom 6. Juni 1941 *(„Diese Kommissare werden nicht als Soldaten anerkannt; der für die Kriegsgefangenen völkerrechtlich geltende Schutz findet auf sie keine Anwendung. Sie sind nach durchgeführter Absonderung zu erledigen!")* auf deutscher Seite mit dem sicheren Tod rechnen mussten. Der Weltanschauungs- und Vernichtungskrieg forderte seinen Blutzoll.

In Russland 7.7.41

Liebe Eltern.

(...) Unsere Batterie hat schon allerhand Panzer abgeschossen. Der Frankreichfeldzug ist dagegen eine Spazierfahrt gewesen. Aber nach den letzten Erfolgen. Geht der Russe jetzt zurück. Was die russischen Kommissare hier manchmal angerichtet haben. Ist nicht mehr menschlich man fragt sich nur können das Menschen überhaupt gewesen sein. Gestern Abend im Radio wurde auch Dubno erwähnt was auch auf unserer Linie gelegen hat und was ich mir persönlich angesehen habe. Dort haben sie über 500 Ukrainer ermordet. Die Kommiss. wurden von uns gleich erschossen. Den Russen hat man eingeredet, die Deutschen machen keine Gefangenen. Oder sie werden nach dem russischen Endsieg von der G.P.U. erschossen. Sind alle erstaunt das sie bei uns noch weiterleben können. Verteidigen sich unerhört zähe. Wir stehen hier bei uns Moskauer Garderegimentern gegenüber. (...)

Gruß Klaus

Aus Polen heraus rückte der Berliner Martin Meier (Jahrgang 1917) als Angehöriger des Panzer-Artillerie-Regiments (14. Panzer-Division) und somit als Teil der Heeresgruppe Süd in Richtung Ukraine vor. Den Frankreichfeldzug hatte er bereits mitgemacht. Nun ging es Richtung Osten. Auch er berichtet seiner Frau von vielen Verbrechen an der polnischen Bevölkerung durch die sich zurückziehende Rote Armee.

Polen, den 7.7.1941.

Liebste,

es ist jetzt 23.00 Uhr und der übliche Nachtdienst ist an der Reihe. Der Sender Belgrad spielt schöne Tanzmusik. Dabei lässt es sich dann schön schreiben. Man könnte direkt traurig sein, dass man die Musik hier hören muss und nicht zu Hause beim lieben Frauchen. Ich stelle mir das so schön vor. Aber - - kann ich mir denn das überhaupt noch vorstellen? Je länger ich von zu Hause fort bin, desto verschwommener wird dieses zu Hause. Kaum kann ich mir noch vorstellen, dass es so etwas gibt. Alles verblasst so mit der Zeit. Ich kann mir auch immer weniger vorstellen, dass ein liebendes Weib zu Hause auf mich wartet. Auch Deine Gestalt verblasst so langsam. Und ich muss oft Dein Bild anschauen, damit ich weiß, was ich noch in der Heimat für einen kostbaren Schatz habe. (...)
Unendlich lang wird einem die Zeit. Im nächsten Monat sind es 2 Jahre, dass ich eingezogen worden bin. Wie lange wird das noch dauern? Lange darf es nicht mehr so gehen. Wer hätte das damals am 24. August gedacht? Wir meinten alle, Weihnachten wieder zu Hause zu sein. Dann wurde es Weihnachten und noch mal Weihnachten, und jetzt geht es wieder auf Weihnachten. (...)

Wie die Bolschewisten gehaust haben, das ist ja so ungeheuerlich, dass man es kaum beschreiben kann. Ein Leutnant von uns war in Lemberg und hat Aufnahmen gemacht. Grauenvoll. Grässlich verstümmelt die vielen Zivilisten. Männer, Frauen und Kinder an die Türen genagelt. Die Menschen zusammengetrieben in Stacheldrahtverhauen, dazwischen geschossen, Benzin drauf gegossen, und angezündet. Die Leute lebend in Kessel mit kochendem Wasser gesteckt. Das sind nur die harmlosesten Sachen. Das andere kann man nicht beschreiben. Dass es so etwas gibt, wollte ich ja auch nie glauben. Aber diesmal ist es keine Propaganda. Das ist die reine Wahrheit. Na die gerechte Strafe bekommen die Bestien. (...) Gleiches wird mit gleichem vergolten. Die Russen stecken alles in Brand, Dörfer, Städte, Felder, Wälder. Aber sie schaden nur sich selbst. (...) Schade, dass ich nicht weiter vorn bin. Man kommt sich direkt überflüssig vor. Zuletzt bekommt dann noch der Engländer seinen Rest und dann ist Feierabend, Feierabend solange wir leben. (...) Dir gebe ich viele zärtliche Küsse und grüsse Dich herzlich.

Dein Martin

Am selben Tag notiert das Tagebuch des OKW: „*Vor der H.Gr. Süd versucht der Gegner, durch Nachhutkämpfe Zeit zum Absetzen zu gewinnen. (...) Bei der H.Gr. Mitte leistet der Feind zähen Widerstand.*“ Für den darauf folgenden Tag, den 8.7.1941, heißt es: „*Der Feind vor der H.Gr. Mitte verstärkt sich weiterhin am Dnjepr und der Düna.*“ Hans-Joachim S. berichtet in einem Brief an seine Frau vom Vormarsch seiner Einheit auf die Düna:

Mein klein' lieb' Evchen!

Schnell einige kurze Zeilen, damit Du erfährst, dass ich den Krieg gefunden habe, den ich mir immer wünschte. Erfahrene Krieger der anderen Feldzüge äußern, dass die augenblicklichen Schwierigkeiten noch niemals früher zu überwinden waren. Man möchte heulen, wenn man russ. Straßen sieht. Gestern in Gluthitze, durch hohen Sand, ein Schlagloch und Querrinne die ganze 70 km lange Strecke – 5 Stunden wurden benötigt. Völlig „fertig" am Ziel – nachts Bombenangriffe. 20 m von uns entfernt – Gottlob nur kleine Bömbchen. (...) Heutiger Ruhetag, nahe der Düna, Ort voll von Juden. Dauernd knallt es – werden umgelegt. Auf jedem Marktplatz – rote Rednertribünen mit Hammer u. Sichel. Überall liegen Hetzzeitschriften – Auf dem Lande große Armut – nur Holzhütten. Auf 100 km nur 2-3 Orte. Aus Wäldern kommen langsam die letzten Roten. Hunger treibt sie heraus. (...)
Es küsst Dich innig mein Herzel

Dein Vatile

Zeitgleich hatte sein Kamerad Hans Simon vom 27. Infanterie-Regiment der 12. Infanterie-Division bereits vor zwei Tagen den Schicksalsfluss Düna in Lettland überquert und es ging weiter Richtung Minsk und Witebsk. Er schreibt an seine Mutter:

8.VII.41

Liebes Muttichen!

(...) Nun fahren wir durch den östlichen Zipfel von Lettland. Vorgestern sind wir über die Düna gegangen. Die Truppen vor uns hatten die schweren Kämpfe. Besonders die SS. Schade, daß ich nicht lettisch kann. Nun sind wir durch Litauen, das ehemalige Polen, das die Russen besetzt hatten, gefahren und sind nun in Lettland. Ich glaube jetzt beinah, daß wir noch ein Stück nach Rußland hineinkommen. (...) Man kann sehen, daß Lettland doch ein wenig mehr von der Kultur abbekommen hat, als Litauen. Wo man Gutshäuser antrifft, kann man sogar feststellen, daß dort Deutsche gewohnt und gebaut haben. Übrigens ist das russische Polen furchtbar verjudet. Von 600 Einwohnern 500 Juden. So trafen wir es in einer Stadt an. (...)

Die herzlichsten Grüße Dein Hansi

In der Ukraine war Heinz Rahe vom Panzergrenadier-Regiment 66 (13. Panzer-Division, Heeresgruppe Süd) inzwischen weiter vorgestoßen. (OKW: *„H.Gr. Süd setzt trotz starker Regenfälle, die die Bewegungen außerhalb fester Straßen z. T. ausschließen, die Verfolgung fort. Feind befindet sich nach Meldung der H.Gr. anscheinend in vollem Rückzug auf den Dnjepr.“)* Für Heinz Rahe ging es über Zwiahel dabei mit großem Tempo auf Kiew zu. Er schreibt an seine Ehefrau am 9.7.1941:

Meine liebe Ursula!

Über mir zwitschern die Vögel, friedlich liegt die Landschaft ringsum – nur aus der Ferne hört man das Donnern der Geschütze. (...)
Vorgestern fuhren wir in die Gegend südwestlich Zwiahel. Unterwegs und noch mehr gegen Abend hörten wir das Donnern schwerer Geschütze, alles wurde eingesetzt auf die starke Stalinlinie, die hier entlang der Slucy verläuft. Tatsächlich habe ich noch nie so starkes Artilleriefeuer erlebt. Es erinnerte an Erzählungen aus dem Weltkrieg, auch im Morgengrauen des nächsten Tages und fast den ganzen Tag über setzte es erneut ein. Schon dadurch merkten wir, daß ein ernster Kampf bevorstand. In Orepy hörten wir dann auch von den ersten Verwundeten. Zwei Häuser und die leerstehende Kirche dienten zur Aufnahme der Verwundeten. In einem Zelt wurden sie dann zurechtgeflickt. Im ganzen sind wohl etwa 200 Mann dort eingeliefert. Die beiden Chirurgen hatten wohl 30 Stunden zu tun, bis sie alles aufgearbeitet hatten. Unsere beiden Pfarrer erzählten von so manchem Leid, das sie gesehen. Sie konnten dann auch bald die ersten Beerdigungen vornehmen.
Die Lage war etwa folgende: Die Stadt Zw. liegt an einem kleinen Fluß, der von Süden nach Norden fließt. Entlang dieses Flusses lief die sogenannte Stalinlinie, eine mit Bunkern stark befestigte Stellung. Zunächst versuchte ein Bataillon mit Sturmbooten überzusetzen. Diese wurden jedoch zusammengeschossen, und jeder weitere Versuch scheiterte. Erst als Artillerie herankam und größere Truppen angriffen, gelang es allmählich, Bunker nach Bunker zu nehmen. Dieser Kampf war schwer und kostete größere Opfer. Die Bunker haben teilweise mehrere Stockwerke und sollen sehr modern eingerichtet sein. Sogar einige uniformierte Frauen hat man gefangen. Jetzt ist

Zw., das zur Linken liegt, immer noch nicht genommen, jedenfalls nicht ganz. Wir rücken jedoch nach Südosten vor. (...) Übrigens, eigenartig ist, daß die Russen in unserem Bereich fast stets die Luftüberlegenheit haben, glücklicherweise treffen sie nichts. Heute versuchten sie die Kriegsbrücke zu treffen, doch ein bis eineinhalb Kilometer weit ab fielen die Bomben. So ist es Zufall, wenn sie überhaupt mal einen kleinen Erfolg haben. Trotzdem beunruhigen sie natürlich die Truppen. Sehr schön sah ich gestern, wie die Flak doch gut abwehrt. Sie schoß mit Leuchtspur-Munition, ganz deutlich konnte man sehen, wohin die Geschosse gingen. Der Erfolg war, daß die Russen abdrehten.

10.7.

Inzwischen ist es ganz enorm rasch vorwärts gegangen. Gestern mittag fuhr ich von der Kriegsbrücke ab, zunächst auf Feldwegen, bis wir auf die Hauptstraße kamen. Welch ein Genuss war das! Eine richtige Asphaltstraße! Mit 80 bis 90 Stundenkilometer fuhren wir auf der leeren Straße vorwärts. Ab und zu lagen russische Panzer am Wege, tote Pferde, hier und da ein russischer Gefallener. Hier waren vor wenigen Stunden unsere Panzer gerollt, dahinter die Kradschützen und die Aufklärungsabteilung. Hin und wieder kamen Trupps russischer Soldaten uns entgegen. Ohne Waffen gingen sie rückwärts auf unserer Vorfahrtsstraße. Das war ein wohltuender Anblick. Es zeigten sich ganz deutlich die ersten Spuren der Auflösung. Endlich kommt auch hier der Laden ins Rollen. Gestern war doch ganz enorm etwas geschafft. Ich fuhr also auf der Straße Richtung Sch. Unterwegs sahen wir noch mal einen russischen Panzerzug, der brennend auf der Straße lag. Kurz vor Sch. hörte man große Detonationen. Anscheinend flog ein Munitionslager in die Luft, oder es waren Artillerie-

einschläge. Auffallend war auch die Haltung der Bevölkerung, einige standen mit Blumen am Wege, möglich ist natürlich, daß es Volksdeutsche waren. Auch die Gefangenen, die ohne Aufsicht am Wege liefen, grüßten teilweise mit dem Hitlergruß! Auflösung! Beginn eines raschen Vormarschs nach der langen Würgerei. (...)
Nachher geht es weiter nach K. Gestern sang ich vor lauter Freude meine „Lüneburger Heide" – endlich ist wohl die Last des Angriffskrieges überwunden. Frisch geht es voran!
Ich gedenke Deiner in Liebe und grüße Dich recht herzlich!

Dein Heinz

Wehrmachtssoldaten beim Entladen von Postbeuteln der Deutschen Reichspost mit Feldpostsendungen in der Feldpoststelle Smolensk

Der nächste Briefautor R. B. war im Krieg Angehöriger des Pionier-Bataillons 31 (31. Infanterie-Division) und des Pionier-Bataillons 362 (362. Infanterie-Division) und damit Teil der Heeresgruppe Mitte, die bei Bialystok nahe der weißrussischen Grenze in einer großen Kesselschlacht am 9. Juli große Verbände der Roten Armee einschloss.

Lieber Friedrich!

(...) Bei der Einkesselung bei Bialystock waren wir infanteristisch eingesetzt. Du kannst Dir vielleicht denken, daß es keine leichte Aufgabe war, bei den Durchbruchsversuchen der Russen standzuhalten. Jetzt bei den Märschen sind es versprengte Teile der russischen Armee mit denen wir es hauptsächlich in den großen Wäldern zu tun haben. (...)

So schlägt man sich durch.
In alter Frische Reinhard.

Von dort meldete sich auch Hans-Joachim S. am 13.7.1941 wieder bei seiner Ehefrau. Die im Folgenden beschriebene Kriegsidylle sollte nicht von langer Dauer sein. Der Briefschreiber wusste noch nichts über die Veränderungen in der weltpolitischen „Großwetterlage“: Einen Tag zuvor, am 12. Juli 1941, schlossen Großbritannien und die Sowjetunion über alle ideologischen Grenzen hinweg ein Bündnis. Und mit der Ausdehnung des Leih- und Pachtabkommens zwischen den USA und der UdSSR tritt auch Amerika – zumindest „indirekt“ – durch große Waffenlieferungen an Moskau als Gegner der Deutschen im Osten auf.

Glebocki, den 13.7.41

Meine kleine gute E

Ganz zufällig erfuhr ich heute früh, dass heute Sonntag sei. Auch kurze Zeit später, das Hafenkonzert auf dem Kurzwellensender, bestätigte dies. Tatsächlich leben wir vollkommen zeitlos. Wir richten uns nur nach der Sonne, stehen auf, wenn's hell wird, strecken unsere müden Glieder aus, wenn der Mond scheint. 18 Std. täglich sind wir glühender Sonne und Staub ausgesetzt. Obwohl wir jetzt 3 „ruhige" Tage hatten, d.h. ohne Vormarsch. (...)
Unser Vormarsch ging über Suvalki, Seyny, Bergnicki – Clhapchiamiestis – Mercine – Varena – zurück Bergnicki – Grodno – Eischisky – Woronow – Wilna – Postavy – Glebocki. Einige Erkundungsfahrten bis zur Düna haben uns noch einmal in Frontnähe gebracht. Hier sind tatsächlich nur Rote in den Wäldern und ab und zu einige Bomber zu fürchten. In der Nacht hörten wir endlich wieder Sondermeldungen: Marsch auf Leningr. und Durchbruch d. Stalinlinie. Nun wird es auch morgen für uns weitergehen. (...)
Vielleicht hast Du es noch nicht einmal so gut wie ich im Augenblick. Im Badeanzug von früh bis spät, sitze ich augenblicklich im Schatten meines Panhard und futtere schönste aromatische Walderdbeeren. (...)
So nun Schluss, mein kleines Evchen, behalte Deinen Vati auch weiterhin lieb und denke und schreibe recht oft an ihn.

Dein Dich immer liebender Mani

Klaus Becker, der mit seinen Einheiten, u.a. den Flak-Scheinwerfer-Regimentern 74 und 126 bzw. dem Artillerie-Regiment 320, durch Polen, Weißrussland und die Ukraine weiter nach Russland vordrang, schreibt am 14.7.1941 seiner Frau:

Meine liebe Suse!

(...) Nachher geht es wieder 50 km weiter vorwärts an die Dwina zum Schutze des Flußübeganges. Wo die Dwina liegt, ob sie ein Nebenfluß der Düna ist oder ob die Düna dort nur einen anderen Namen hat, weiß ich nicht. Wir haben leider keine größere Karte privat zur Verfügung. Gestern sah ich zum 1. Male russ. Gefangene in größerer Zahl. Es ist hier ein Gefangenenlager in der Nähe. Sie müßen tagsüber die Straße hier ausbessern, die stellenweise kaputt geworfen ist. Man sieht bei ihnen häufig asiatische Gesichter. Dabei sollen die eigentl. Asiaten im Lager bleiben, weil man ihnen wohl nicht recht traut. Sie machen im Allgemeinen einen erschöpften Eindruck.
Die Straße, an der wir jetzt liegen, ist für russ. Verhältnisse gut. Sie ist mit groben Steinen gepflastert, etwa wie die Oldesloer Straße. Schlaglöcher oder Querrinnen gibt es eigentlich nur bei den Brücken, dort allerdings fast jedes Mal, dann natürlich auch dort, wo Bomben und Granaten die Straße aufgerissen hatten. Kurz hinter diesem Ort soll die Straße aber wieder aufhören. Dann kommen die unvorstellbaren Landwege wieder. Du kannst Dir kaum vorstellen, wie schwierig dort das Vorwärtskommen ist. Wer das nicht selbst miterlebt, glaubt es nicht. In den letzten Tagen haben wir hier wieder einen gewaltigen Aufmarsch erlebt. Tag und Nacht war die Straße belebt von vorfahrenden Fahrzeugen u. vormarschierenden Kolonnen. Die Ju 52 hat offenbar auch viel Nachschub nach vorn geschleppt.

So wird der Russe es nicht mehr lange mitmachen können. (...) Wie lange wir hier noch benötigt werden, lässt sich nicht sagen. Vielleicht machen wir noch die Siegesparade in Moskau mit. Ich denke, wir werden am Ende des Monats dort sein.
Mit den herzlichsten Grüßen auch an die Kinder!

Dein Klaus

Gustav Böker, Soldat bei der Panzerjäger-Abteilung 111, notierte am selben Tag in einem Brief an seine Eltern über die Stimmung „in der Truppe“:

Ihr Lieben!

Schon wieder ist ein Sonntag dahin und es sind 3 Wochen Krieg gegen Rußland. Ich sprach jetzt gerade mit verschiedenen Kameraden der Infanterie, die in Frankreich dabei waren. Die erzählten mir: „Frankreich war gar nichts gegen Rußland!“ 1.) sind hier die schlechten Straßen 2.) Ist Rußland ein an Fläche großes Land. 3.) Gibt es hier an Essen nichts zu organisieren, weil die Leute selber nichts haben. 4.) Läuft der Russe nicht so schnell über, wie der Franzose. Der Russe ist nämlich sehr zäh und verhetzt. Die glauben alle, wenn sie in deutsche Gefangenschaft kommen, werden sie erschossen. Vor einigen Tagen wurden z. Beisp. wieder ein paar russ. Flugzeuge abgeschossen. Die Besatzung sprang mit Fallschirmen ab, aber alle erschossen sich sofort. (...) Mit den besten Grüßen an Euch Alle und Fam. Bartels, schließe ich

Euer Gustav

Als Sanitäter machte Kurt Marlow den Russlandfeldzug bei der Heeresgruppe Süd mit. Er schreibt am 16. Juli 1941 seiner Frau.

Mein liebes Frauchen!

Bei uns geht es jetzt ganz schön voran, es rollt wie man so schön sagt. Heute geht es schön wieder weiter. Man spricht von runden 70 Knoten, ich bedauere ja nur immer wieder unsere Infanterie die „Königin" aller Waffen. Wir drücken ja nun alle mächtig die Daumen, um ungefähr in die Richtung „Odessa" zu kommen, aber ich glaube nicht daran. Bei uns wird sich in diesen Tagen allerlei tun. Eine russ. Armee soll eingekesselt sein, so ähnlich wie bei „Byalystok". Na, den Herrschaften wird schon das notwendige besorgt werden. (...)
Ich muss aufhören da es weitergehen soll. Sei herzlichst gegrüßt und geküsst von

Deinem Kurt.

„Den Herrschaften wird schon das Notwendige besorgt werden.“ – Ein Ton, der sich in Briefen aus dem Westfeldzug so nicht wieder findet, denn hier – im Osten – geht es um mehr. Es geht um einen Kampf der Ideologien. In einem Brief, den der Autor und Offizier der 16. Panzer-Division (1. Panzergruppe, Heeresgruppe Süd) H. D. am 17.7.1941 an seine Ehefrau schrieb, wird dies deutlich angesprochen:

Mein liebes Frauchen!

(...) Wenn man überlegt, daß die erst 4 Wochen Krieg haben, sehen die schon ziemlich heruntergekommen aus. Schon viele Bürschchen von 15, 16 Jahren haben wir unter den Gefangenen gefunden. Ja zu dem Krieg hier kommt noch eine hinzu: Es steht nicht nur Volk gegen Volk, sondern auch Weltanschauung gegen Weltanschauung. Aber das letztere ist ja vielleicht gerade für uns das tragende Moment. Und in die Knie muss er, der Russe, der internationale Weltbeglücker. Haltet nur den Daumen, daß es schnell geht, so wie bisher an den vergangenen Fronten. (...) Es grüßt Dich und küsst Dich mein kleines goldiges Frauchen, auf's allerinnigste

Dein Hugo

Für viele Soldaten im Feld ging es um den Kampf des „christlichen Abendlands“ gegen „gottlose, bolschewistische Horden“ – vor allem in der Ukraine, in der sich die Soldaten der Wehrmacht als „Befreier“ fühlten. Einer von ihnen, Heinz Rahe, im Zivilleben evangelischer Pfarrer, empfand dies besonders stark. Er schreibt an seine Frau am 18.7.1941:

Meine geliebte Ursula!

Ich muss immer daran denken, wie ich während unseres Aufenthaltes im Reich im Kompanie- oder Zuguntericht auf den bevorstehenden Rußlandfeldzug hinwies, aber allgemeine völlige Verständnislosigkeit fand. Auch mit Prießnitz sprach ich, während wir packten, darüber. Warum? Das konnte damals noch niemand einsehen. Ich selbst wußte nur, daß der Feldzug bevorstand, über den Grund machte ich mir selbst vielleicht auch nicht allzu viele Gedanken. Leider habe ich dann keine Gelegenheit gehabt, die Erklärung der Reichsregierung zu hören. Gestern nun wurden die verschiedensten Motive genannt. Einer ging davon aus, daß die meist jüdischen Kommissare mit geladener Pistole die wankenden Kompanien der Russen in den Kampf treiben sollen. Er meinte, deren Herrschaft müsse nun endlich gebrochen werden, auch hier in S. müsse eine neue Ordnung entstehen. Aber lohnt es sich, dafür deutsches Blut zu opfern? So sagte ein anderer: Es sei vielleicht besser, wenn wir einen Ostwall gebaut hätten, um uns darüber zu verteidigen. Was ginge uns der Osten an! Doch sicherlich brauchten wir die fruchtbare Ukraine als Ernährungsbasis für die weitere Kriegsführung. Das schien mir einleuchtend: Vorsorge treffen, damit die Heimat zu essen hat. Als wir dann an der ehemaligen Kirche vorbeikamen, stieg in mir wieder die Hoffnung auf, daß in einer freien Ukraine vielleicht auch wieder christliche Verkündigung möglich sei. Dieser Wunsch ist für mich auch ein Ziel, für das sich kämpfen läßt. (...)
Weißt Du, es geht mir so ganz anders als etwa den jungen Kriegsfreiwilligen des Weltkriegs. Dieser Kampf mit Rußland kommt einem gar zu sinnlos vor. Auch gibt er uns kein konkretes Kriegsziel wie beispielsweise der polnische und französische Feldzug. Ums Elsass und einen freien Rhein, für ein deutsches Danzig und Westpreußen lässt sich leichter kämpfen als für ein von jüdischem Einfluß freies Rußland. Zudem legt sich die Weite

Rußlands wie eine große Sorge auf so manchen. Wir stehen jetzt 500 km weit im Feindesland. Ist es der Anfang oder das Ende? Doch, wenn Du vielleicht in acht Tagen diese Zeilen hast, ist schon wieder vieles klarer geworden. (...)
Soeben sind unsere Pfarrer zum Hauptverbandsplatz gefahren. Sie haben in diesem Feldzug doch recht viel zu tun. Es gibt immer allerlei Beerdigungen und dann sind die zahlreichen Verwundeten zu betreuen. (...)
Recht, recht herzliche Grüße, meine geliebte, kleine Frau!

Dein Heinz

Und Heinz Rahe tat noch etwas. Er ergänzte seinen Brief um ein selbst verfasstes Gedicht:

Slava Ukraina!
In diesem Reich herrscht die Gewalt!
der Bauer hat nichts mehr zu sagen,
er darf stets nur fronen, nie klagen,
doch mancher still die Fäuste ballt.

Sein eigen Land ist nicht mehr sein.
Er muss zwar drauf ackern und streuen,
doch kann er sich nicht mehr dran freuen –
der Sowjet heimst die Ernte ein.

Man gebe dem Volk Freiheit und Brot
Und auch jedem Manne das Seine!
Es lebe die freie Ukraine!
Erst dann ist's mit aller Not.

(Juli 1941)

Der Weltanschauungs- und Vernichtungskrieg im Osten wurde mit einer bis dahin nie gekannten Härte und Brutalität geführt. Die Kämpfe an Dnjepr und Düna bis zum 15.7., die Einnahme der im Norden Weißrusslands gelegenen Stadt Witebsk zwischen dem 8.7. und 10.7. und vor allem die fast einen Monat währende Kesselschlacht bei Smolensk vom 8.7. bis zum 5.8.1941 hinterließen in der Region ein wahres Trümmerfeld. Der uns schon bekannte Klaus Becker schreibt am 19.7.1941 an seine Ehefrau:

Liebe Suse!

(...) Auf unserem Marsch kamen wir durch Witebsk. Es soll etwa 200 000 Einwohner gehabt haben. Raummäßig mag es kleiner sein als Großstädte mit dieser Einwohnerzahl in Deutschland, weil die Russen sehr viel enger wohnen, aber es hatte immerhin doch auch eine beachtliche Ausdehnung. In W. ist nun nicht ein einziges Haus, das nicht völlig zerstört oder verwüstet ist. Die Holzbauten – diese überwiegen auch in den Städten Rußlands – sind sämtlich niedergebrannt; es steht meistens nur noch ein Teil des Schornsteins. Soweit die Gebäude Steinbauten sind, sind sie ausgebrannt und nur ein Teil der Brandmauern ist stehen geblieben.
Hier hat der Krieg wirklich ganze Arbeit geleistet. Ganz in der Nähe unserer Stellung von Witebsk war auch ein Gefangenen-Sammelplatz. Das Schicksal der Gefangenen in den 1. Tagen ist furchtbar. Auf einem freien Platz waren etwa 5000 Mann zusammengetrieben. Dort hockten sie nun tagelang im Freien, Wind und Wetter ausgesetzt, kaum etwas Ordentliches zu essen u. zu trinken u. ohne ausreichende Kleidung. Inzwischen ist es sehr kalt – natürlich gemessen an der Jahreszeit – geworden, wir hatten auch wiederholt Regen. Mancher versucht auszurücken,

was auch gelingt, da die Zahl der Wachmannschaften außerordentlich gering ist, manche werden dabei auch erschossen, anders können die Wachmannschaften sich natürlich gar nicht helfen. (...)
Smolensk ist seit einigen Tagen in deutscher Hand. Es finden um S. aber offenbar noch Kämpfe statt. Man hört in der Ferne den Kanonendonner. Trotz des plötzlichen Witterungsumschlages geht es mir gut. Ich habe mich nicht erkältet. Wir hoffen wieder auf gutes Wetter. Besser ist denn doch die Hitze, selbst wenn sie uns manchmal fast unerträglich erschienen ist. Mit den herzlichsten Grüßen auch an die Kinder

Dein Klaus

Zwei Tage später traf Hans-Joachim S. in Witebsk ein und berichtet – scheinbar atemlos – seiner Frau:

Mein einziges geliebtes E.!

Auf halben Wege Moskau – in Witebsk. Alles wird täglich schwieriger. Stadt von 160000 Menschen, ein Flammenmeer. Russe brennt alles ab, denkt, uns schaden zu können. Mordet sich dadurch selbst. Armut unbeschreiblich – „Sowjet-Paradies" – der reinste Hohn. Straßen unvorstellbar – 120 km – 48 Std.. Alle Brunnen verseucht bzw. leer. Wasserleitungen – Brücken – alles zerstört. Dadurch wird Vormarsch immer schwerer. Trotzdem ganz gute Stimmung. Erlebnisse ungeheuer – gestern loderte Brand von neuem auf um Sowjet-Bombern Ziel zu geben.

Heute 300 als Vergeltung erschossen. Junkers brausen unverdrossen zur Front um Muni zu bringen. –
Stalin-Linie bei Polozk durchfahren, knietiefer Morast. Deutsche Tanks auf Tellermienen – flogen wie Spielzeug in die Luft. Viele, viele deutsche Gräber. Schlimmer wie Frankreich. Alles noch nie dagewesen.

Nächstes Ziel Welish – Smolensk.

„Heute 300 als Vergeltung erschossen…“: Die relative Offenheit in den Briefen, in denen auch schlimme Kriegsverbrechen geschildert werden, erstaunt – und war den Verantwortlichen ganz offensichtlich auch ein Dorn im Auge. Einen Tag später – am 22.7.1941 – wurde im Bereich des Armeeoberkommandos 11 deshalb folgende Anweisung herausgegeben:

„Bei der in Osteuropa herrschenden Auffassung vom Wert des Menschenlebens können deutsche Soldaten Zeugen von Vorgängen werden (Massenhinrichtungen, Ermordung von Zivilgefangenen, Juden u.a.m.), die sie im Augenblick nicht verhindern können, die aber zutiefst gegen das deutsche Ehrgefühl verstoßen. Es ist eine Selbstverständlichkeit für jeden gesund empfindenden Menschen, dass von solchen abscheulichen Ausschreitungen keine fotografischen Aufnahmen angefertigt werden oder über sie in Briefen an die Heimat berichtet wird. Das Anfertigen oder Verbreiten solcher Fotografien oder Berichte über solche Vorgänge werden als ein Untergraben von Anstand und Manneszucht in der Wehrmacht angesehen und streng bestraft. Alle etwa vorhandenen Bilder oder Berichte über solche Ausschreitungen sind zusammen mit den Negativen einzuziehen und unter Angabe des Herstellers oder Verbreiters dem Ic/A.O. der Armee einzusenden. Ein neugieriges Begaffen solcher Vorgänge liegt unter der Würde des deutschen Soldaten.“

Wiederum einen Tag später, am 23.7.1941, schildert Hans-Joachim S. – immer noch aus Witebsk – seiner Frau in einem erneuten Brief erschütternde Details:

Mein geliebtes kleines E.!

Heute früh wurden hier 1500 Juden erschossen als Vergeltung für die Zerstörung der Stadt. Stell' Dir vor: eine Großstadt von 160000 Menschen – und alles zerstört, kein Haus unbeschädigt. So ist's überall! Aber über uns jagen deutsche Bomber unaufhörlich Richtung Moskau und werden den roten Bonzen im Innern des Landes ordentlich einheizen. Wir hoffen nur, dass hier bald der rote Spuk vorüber ist und wir wieder nach dem Westen zurück können.

Währenddessen versuchte Heinz Rahe, seine Eindrücke noch einmal in einem zweiten Gedicht am 22.7.1941 zu verarbeiten:

Meine geliebte Ursula!

Warum – wozu?

Das Land ist voll von Kriegsgeschrei,
es toben die lärmenden Waffen!
Warum, wozu
Hast Du, Herr, dies alles geschaffen?

Das kann doch nicht dein Wille sein,
du bist doch der Vater der Liebe!
Warum, wozu
Beherrschen die Welt finstere Triebe?

Der Satan führt sein Zepter hart,
Er feiert die größten Triumphe!
Warum, wozu
Erstickt fast die Menschheit im Sumpfe?

Du, Vater, kennest der Menschen Not,
Du verkündigst dein göttlich Erbarmen!
Warum, wozu
sind wir noch in Satanas Armen?

(Juli 1941)

Es war ein Kampf Gut gegen Böse, Glaube gegen Unglaube, in dem sich die deutschen Soldaten sahen. Und es war ein – letzter? – Kampf der Menschlichkeit gegen angebliche Unmenschlichkeit, in dem sie sich wähnten. Nationalsozialistische Erziehung und Rassenpolitik sowie die anschließende Kriegspropaganda hatten ihre Wirkung augenscheinlich nicht verfehlt. Zumindest nicht, wenn man die Sätze des uns schon mehrfach begegneten Flakschützen Klaus K. liest. Er schreibt am 29.7.1941 an seine Eltern:

In Frankreich kämpften wir gegen Menschen, die als Soldaten Intelligenz, Ausdauer und Erfahrung konzentriert einsetzten. Hier an der Ostfront steht ein Feind, der nicht intelligent, sondern stumpf, nicht soldatisch tapfer, sondern aus Gefühllosigkeit zähe, eine Maschine die gleichgültig und seelenlos sich uns entgegen wirft, bis sie zum Stillstand gebracht wird. Wenn wir in Frankreich den Gegner in der Zange hatten, so zog er schließlich die Folgerung. Diese Burschen hier aber kämpfen, man kann sagen mit Wahnsinn, bis sie kein Glied mehr rühren können. Sie ergeben sich nicht! Lassen sich lieber von unseren Panzern totfahren. Die leisten Sachen, die nicht tapfer noch tollkühn sind. Es sind ja auch alle Stämme vertreten. Vom Weisrussen bis zum Mongolen und Kallmückten. Ein Kämpfer mit nachtwandlerischer Sicherheit und Geschicklichkeit. Man kann sie vergleichen mit den Farbigen Truppen in Frankreich. Also ein toller Haufen. Aber langsam aber sicher, werden wir auch hier zum Sieg kommen. (...)

Gruß Klaus

Sechs Wochen währte der Russlandfeldzug nun bereits. Und die Kämpfe hatten an Härte eher zu- als abgenommen. Manfred von Plotho, der überzeugte Nationalsozialist, schreibt an seine Frau:

Meine liebe Ingrid,

Inzwischen haben wir recht harte Tage hinter uns. Am 30. begann der neue Großeinsatz, bei dem wir diesmal im Gegensatz zum Westen volle Unterstützung der Luftwaffe mit Stukas usw. haben. Die Kerls wehren sich ganz unerhört, und die Kämpfe kosten leider viel gutes deutsches Blut, was dieses asiatische Völkergemisch wirklich nicht wert ist. Jedenfalls war der 30. Juli der schwerste Tag in der bisherigen Feldzugsgeschichte der Division. Der Erfolg wurde erzwungen, aber die Reihen der alten Kameraden vom Westwall lichten sich immer mehr. Gleich als erstes fiel mein alter Kamerad Siekmann. Ganz dumm, hinten irgendwo beim Essen durch einen Art. Volltreffer. Ich war zufällig in der Nähe und habe ihn dann mit begraben. (...) Immer ist er der erste am Feind gewesen, den ganzen Westfeldzug, und genauso hier im Osten. Und nun muss er so wahllos herausgegriffen werden von der Hand des Kriegsgottes.
Die Russen haben eine große Gewandtheit im hinhaltenden Kampf in Kornfeldern usw. (...)
Sturmgeschütze wurden eingesetzt. Das sind panzerähnliche Ungetüme, die eine Mordswirkung haben. Ich säuberte mit einem Leutnant dieser Sturmgeschützabteilung einen Ortsrand und anschließende Felder. Er stand oben auf seinem Panzerungetüm und knallte von oben freihändig mit der MP in die Gräben hinein. Ich folgte unmittelbar mit meinem Krad, um ihn einzuweisen. Am Ortsrand photographierte ich ihn von unten her, wie er so oben von seinem Geschütz herab mit der MP nach

Zielen suchte. Ich hatte gerade geknipst, als er mir in die Arme rollte von so einem verdammten Heckenschützen aus nächster Nähe abgeknallt. Tat mir leid, es hatte sich in der halben Stunde unseres Zusammenwirkens so eine selbstverständliche Kameradschaft gebildet. (...)
An die 4.000 Gefangene sind in den letzten Tagen durch unsere Finger gelaufen, da bekommt man einen recht eingehenden Eindruck von der Eigenart und den Besonderheiten der verschiedenen Völkerschaften unseres roten Gegners. Teilweise sind sie so primitiv und naiv, dass man beinahe Mitleid mit ihnen haben muss. Die große Masse ist doch schließlich nur verhetztes Volk, dessen primitivem Denkvermögen irgendwelche Vorstellungen über den Sinn des Krieges gar nicht möglich sind. (...)
Die Verfallserscheinungen beim Gegner werden immer offensichtlicher, nach Abschluss der in diesen Wochen laufenden Großkämpfe, die im Wehrmachtsbericht vom 14. Juli ja eine vorbereitende Andeutung fanden, wird die russische Wehrmacht wohl in ihrer Masse zerschlagen sein. (...)
Schön, dass die Feldpost einigermaßen geht, da könnt Ihr ruhig telegrafieren, dann kommt die Nachricht in etwa 3 Tagen zu mir.

Dein Manfred

Aber noch immer rückten die Truppen weiter vor – nach einem Plan, den der einzelne Soldat an der Front nicht kannte und auch nur sehr bedingt mitverfolgen konnte. Aber immer mehr Soldaten wurde bewusst: Selbst bei dem jetzigen Tempo des Vormarsches drängte die Zeit. Wie lange würde dieser Krieg noch dauern? Am 8.8.1941 schreibt Rudolf Kurth, Soldat im Infanterie-Regiment 67 (23. Infanterie-Division, 4. Armee der Heeresgruppe Mitte), beim weiteren Vorstoß auf die Beresina aus dem Raum Bialystok/ Minsk an seine Frau:

Mein liebes Trudchen!

Wo ich in Rußland bin, weiß ich auch nicht, bestimmt aber weiter vorn als Euch jeweils der OKW Bericht meldet. Wir hören hier nichts von der Welt, unsere Parole ist kämpfen und nur vorwärts. Gesehen habe ich schon weite Strecken dieses Landes, viele Städte und Dörfer aber unendlich groß unvorstellbar groß ist Rußland. Ich habe keine Bange das mir etwas passiert, denn Deine Liebe ist bei mir. Darum glaube ich immer, denke auch in den Stunden der größten Gefahr an Dich, an unsere Kinder. (...) Bald habe ich Geburtstag, hoffendlich ist es der letzte im Kriege. Vor allem, hoffendlich ist bald der Krieg aus damit ich endlich wieder bei Dir sein kann. Den Winter möchte ich ja nicht in Rußland verbringen, ich schätze, daß es hier arg kalt wird. Jetzt kurz nach 19 Uhr geht hier schon die Sonne unter, glutrot steht sie am Himmel. Eben knattern die Maschinengewehre wieder wie toll. (...)
Herzliche und innige Küsse
sendet Dir in Liebe Dein

Rudolf

Und eine Woche später, Mitte August, notiert Martin Meier, Soldat des Panzer-Artillerie-Regiments (14. Panzer-Division), den anstehenden Herbst fest vor Augen, in einem Brief an seine Frau:

Liebste Frau,

(...) Ich habe mal wieder Nachtdienst. Bis morgen früh 0700 Uhr ist es noch so lang. Wenn im Rundfunk nicht so schöne Musik wär, dann ging's uns schlecht. Wir haben hier immer unsere Sender, die wir nachts hören. Im Augenblick habe ich Belgrad mit schöner Tanzmusik, später kommen Madona, Winniza und Minsk. Als wir noch mehr in der Nähe der polnischen Grenze lagen, haben wir Lemberg gehabt. Alle diese Sender werden ja von Deutschland betrieben. Aber immerhin ist so eine Nacht doch sehr lang. (...)
Nur keinen Winter hier in Russland verbringen. Das fehlte uns noch. Vielleicht und hoffentlich beginnt in diesem Jahr noch der Generalangriff auf England. Bis Herbst nächsten Jahres habe ich mich ja nun moralisch auf den Krieg vorbereitet. Mehr gebe ich aber auf keinen Fall zu. Heute, ich wollte sagen, in einigen Minuten ist der 15.8.41. Noch 9 Tage, dann jährt sich der Tag zum 2. Male. Der 24. August, an dem ich meine Sachen packen musste. Ich glaube, wenn ich damals gewusst hätte, dass ich in 2 Jahren noch dabei sein würde, wären ich und viele verzweifelt. Aber was nützt das alles. 2 Kriegsjahre haben wir hinter uns. Viel, sehr viel ist geleistet worden. Ich glaube, noch einmal so lange würden wir es nicht aushalten. (...)
Es grüsst Dich herzlich

Dein Martin

Doch die Rote Armee ließ nicht locker. Immer neue Truppen wurden aus dem riesigen russischen Hinterland an die Front gebracht und sofort in den Einsatz geschickt. Der uns schon bekannte Hans Simon notiert am 15.8.1941:

Liebe Mutti!

Täglich greifen die Russen mindestens einmal an. Ist ein Regiment von ihnen aufgerieben, schicken sie ein neues. So haben wir jetzt die 3. Einheit festgestellt. Dass wir Kosaken vor uns hatten, schrieb ich wohl schon. Nun sind es Soldaten, die ein paar Tage Ausbildung hatten und von Moskau aus gleich an die Front geschickt wurden. Massenmord unsererseits bei einem solchen Angriff dieser Verbände. Was bleibt uns übrig? Ergeben tun sie sich nicht. (...) Man ist zuletzt schon so nervös, dass man dann eine stoische Ruhe bekommt und alles kommen lässt. Man wird stumpf und stur wie ein Holzklotz und das ist gut so in diesen Situationen.

Ähnlich äußert sich sein Kamerad Hellmuth H. in einem Brief an seine Familie vom 22.8.1941:

M.l.B!

Die Verpflegung klappt trotz der großen Entfernungen und der Zerstörungen von Getreidespeichern, Bäckereien usw. tadellos; oft Schokolade, Wein, Wellfleisch zusätzlich. (...)
Hier dauert die Sache bestimmt noch ein Weilchen; der Chef meint, ohne Wunder kommen wir nicht vor Weihnachten nach Hause; na, ich sagte ja schon im Januar, „ob's Weihnachten Urlaub gibt"? (...)

Herzlich Dein Hellmuth.

Moskau oder Leningrad?

Je länger sich der Feldzug in Russland über die Sommermonate in Richtung Herbst verschob, umso weniger enthalten die Feldpostbriefe Schilderungen dessen, was die Autoren tagtäglich an der Front erlitten und erlebten. Dabei wurde der Kampf immer härter, die Schlachten erbitterter und die Hoffnungen schwächer. Und immer ging es noch tiefer nach Russland hinein, denn die Rote Armee zog sich – wie einst Marschall Kutusow beim Russlandfeldzug Napoleons – in die endlose Weite des Landes zurück. Überall dort, wo es Erfolg versprach, leistete sie erbitterten Widerstand. Der Vorstoß der Deutschen wurde dadurch langsamer und die Wucht ihres Einfalls nach Russland ließ nach, je länger die Nachschubwege wurden und je mehr Aufwand es bedurfte, sich aus den eroberten Gebieten heraus mit Nahrung und Nachschub zu versorgen. Denn nicht nur der erbitterte Widerstand der sowjetischen Soldaten wurde für die Wehrmacht zu einer bösen Überraschung. Auch der zunehmende Widerstand der Zivilbevölkerung, die widrigen klimatischen Bedingungen und die Unwegsamkeiten des Geländes machten den vorrückenden Deutschen immer mehr zu schaffen. Nach der Hitze des Sommers kam der Regen und mit ihm der Schlamm auf Wegen und Feldern, gefolgt von der einsetzenden Kälte in den Nächten, die den Herbst ankündigte, dem der Winter schneller als gedacht folgen sollte – mit Eiseskälte.

Zuerst fiel es kaum auf, dass das Momentum des deutschen Vorstoßes an Kraft verlor. Ganz im Gegenteil! Die großen deutschen Anfangserfolge bei den Grenzschlachten in Russland – die drei Heeresgruppen erreichten bis Mitte Juli wie vorgesehen die Düna-Dnjepr-Linie – schienen alle Hoffnungen auf eine rasche Beendigung des Feldzuges zu rechtfertigen. Hitler erklärte am 23.7., noch in diesem Jahr werde er bis an die Wolga und in den Kaukasus vormarschieren. Einige Tage zuvor hatte auch das OKH die Ansicht geäußert, dass der Ostfeldzug wohl innerhalb von 14 Tagen gewonnen werde. Und die täglichen Gefangenenziffern und die Anzahl der als zerschlagen gemeldeten sowjetischen Divisionen verleiteten ebenfalls zu der Annahme, dass die Masse der bis dahin ermittelten sowjetischen Divisionen – 200 an der Zahl – vernichtet und daher höchstens vor Moskau noch einmal mit stärkerem Widerstand zu rechnen sei. Mit der Doppelschlacht bei Wjasma und Brjansk errang die Wehrmacht noch einmal einen sprachlos machenden Erfolg: Mehr als 600.000 Soldaten der Roten Armee kamen in Kriegsgefangenschaft. Am 10. Oktober meldete das OKW, dass der Feldzug im Osten gewonnen sei.

Doch daneben häuften sich in den Wehrmachtsberichten eben auch die Nachrichten über Abwehrschlachten, etwa an der Düna und Mjesha (1.8.-1.10.1941), im Jelnjabogen (6.8.-6.9.1941), an der Dessna (18.8.-1.10.1941) und am Sudosti (31.8.-1.10.1941).

Noch immer hieß es bei den meisten Soldaten: Bald schon sind wir in Moskau – und dann haben wir es geschafft! Dann ist alles vorbei! Dann ist der Sieg unser und es gibt Fronturlaub – endlich! So ist die Stimmung im Großen und Ganzen gut.

Wenig bekannt ist, dass gerade zu dieser Zeit hinter den Kulissen zwischen der Wehrmacht und Hitler ein erbitterter Streit ausgetragen wird. Die Autoren des Tagebuchs des OKW beschreiben sehr detailliert den Machtkampf zwischen den Generälen und dem „Führer". Die deutschen Anfangserfolge sowie die gewaltigen sowjetischen Verluste an Kriegsmaterial und gefallenen oder in Kriegsgefangenschaft geratenen Soldaten schienen zunächst die Auffassung des Oberkommandos des Heeres (OKH) zu bestätigen, die Rote Armee in wenigen Wochen besiegen zu können. Deshalb schlugen Anfang August der Oberbefehlshaber des Heeres, Walther von Brauchitsch, und der Generalstabschef Franz Halder den unmittelbaren Angriff auf Moskau vor, zumal die Leistungsfähigkeit der schnellen Verbände der Wehrmacht nur noch den Einsatz für eine entscheidende Operation erlaubte und hierfür die beiden Monate September/Oktober – vor Einbruch des Winters – ausgenutzt werden sollten. Das OKH hoffte so, die letzte, große Vernichtungsschlacht vor den Toren der sowjetischen Hauptstadt schlagen zu können, denn hier erwartete es mit Recht den Hauptteil der noch einsatzbereiten Kräfte des Gegners. Wie wir heute wissen, hatten die Sowjets über 40 Prozent ihrer verfügbaren Verbände zur Verteidigung Moskaus zusammengezogen. Moskau – das war mehr als nur eine Stadt!

Doch Hitler war anderer Auffassung. Ihm ging es in erster Linie um politisch-ideologische und wehrwirtschaftliche Ziele. Im Norden wünschte er die Einnahme Leningrads, um Russlands Ostseezugang abzuriegeln und zugleich die Verbindung mit Finnland herzustellen sowie die „Brutstätte" des Bolschewismus zu zerstören; im Süden hatten es ihm die reichen Kornfelder der Ukraine und das Öl des Kaukasus angetan.

Fast sechs Wochen zog sich diese „schwerste Entscheidung" des Feldzuges hin, wie Hitler sie selbst einmal nannte. Viel zu viel Zeit verstrich dadurch. Wertvolle Zeit, die den Deutschen am Ende, als sie dann tatsächlich vor Moskau lagen, fehlte. Am 21.8.1941 fällte Hitler schließlich seinen Entschluss – gegen den Vorschlag des OKH. Der Tenor der Weisung ließ dabei erkennen, dass der Oberbefehlshaber der Wehrmacht nicht mehr auf den Rat seiner engsten militärischen Umgebung hören wollte, solange sich deren Ansichten nicht mit seinen eigenen deckten. *„Der Vorschlag des Heeres für die Fortführung der Operationen im Osten vom 18.8. stimmt mit meinen Absichten nicht überein. Ich befehle folgendes: Das wichtigste, noch vor Einbruch des Winters zu erreichende Ziel ist nicht die Einnahme Moskaus, sondern die Wegnahme der Krim... im Norden die Abschließung Leningrads..."*, begannen seine Ausführungen, in denen er Moskau als letztes Angriffsziel nach Leningrad, der Krim und dem Donezbecken nannte.

Dieser weitreichende Entschluss traf das OKH umso mehr, da es seit August mit unverkennbarer Bestürzung feststellen musste, wie sehr es die Widerstands- und Leistungsfähigkeit der Sowjetunion personell, materiell und auch politisch unterschätzt hatte. Doch diese Einsicht kam zu spät.

So drehte die Panzergruppe 3 der Heeresgruppe Mitte nach Norden ab, wo sie bei der Isolierung Kronstadts und vor allem Leningrads mithelfen sollte. Bis zum 18. Januar 1944 sollte die Blockade Leningrads andauern und schon bald mit Stalingrad zum Menetekel des deutschen Vormarsches im Osten werden. Die Panzergruppe 2 wandte sich wiederum nach Süden, um bei der Kesselschlacht um Kiew (26.9.1941) noch einmal einen großen, fast unheimlich anmutenden Erfolg mit mehr als 660.000 Gefangenen und 2.700 Beutegeschützen zu erringen. Aber davon ahnten die deutschen Soldaten an den verschiedenen Fronten im Osten noch nichts.

Einer von ihnen war Heinz Rahe, der mit der 13. Panzer-Division als Teil der Panzergruppe 1 (Heeresgruppe Süd) im Raum um Uman, Kiew und Rostow kämpfte. Er dürfte bei einem der größten Erfolge der deutschen Wehrmacht, der Kesselschlacht von Uman, die vom Juli bis zum 8. August 1941 dauerte, mit dabei gewesen sein. Die 17. Armee unter General Carl-Heinrich von Stülpnagel schloss sich dabei mit der Panzergruppe 1, bei der auch Rahe diente, am 3. August bei Perwomajsk zusammen und kesselte 20

Gruppenaufnahme von Wehrmachtssoldaten des Feldpostamts 900 vor einem Sauerer-Straßenpostwagen der Deutschen Feldpost in Weißrussland

Divisionen der sowjetischen 6., 12. und 18. Armee ein. Mehr als 300 Panzer und knapp 900 Geschütze konnten erobert werden. Rund 100.000 sowjetische Soldaten gerieten in Kriegsgefangenschaft. Am 2. September 1941 schreibt er – sichtlich noch unter dem Eindruck der Ereignisse – an seine Ehefrau seine Einschätzung (und die seiner Kameraden) über die Lage an der Front:

Liebe Ursula,

(...) Inzwischen haben wir Feldzüge nach allen Himmelsrichtungen geschlagen und stehen nun, nach einer Wendung um 360 Grad, wieder im Osten. Ich bin ja nach wie vor der Ansicht, daß für uns dieser Feldzug in 4, allerhöchstens in 6 Wochen zu Ende ist. Bis dahin müßen wir die wichtigsten Ziele: Petersburg, Moskau und das Donezbecken – erreicht haben, so daß die Masse der russischen Armee damit vernichtet ist. Ich könnte mir denken, daß man uns dann erst einmal in die Heimat sendet – zur Ergänzung und Auffrischung wird das doch wohl nötig sein. Die Hauptsache ist nur, daß das Wetter uns einen günstigen Abschluß des Feldzuges erlaubt. So etwa sehe ich die Dinge an. Was dann weiter werden wird, vermag man ja kaum einmal zu vermuten.
Am Sonnabend erschien abends ein Major vom Flakkorps hier bei uns. Er bekam erst einmal etwas zu essen; dann packte er eine Flasche frz. Cognaks aus, bei der wir bis 1/2 3 Uhr nachts mehr oder minder tiefe Gespräche führten. Der Major ist alter Kämpfer, im übrigen ein Wirtschaftsmann aus München, jetzt als Reservist wieder Soldat. Seine Ansichten waren sehr nüchtern. Leute wie Geffers müssen nach seiner Ansicht völlig verschwinden, und ihr ganzer Verein ebenfalls. Wie gesagt, es war ganz interessant, mal solch einen Mann reden zu hören. Es gibt ja, gerade was den Krieg und seinen Ausgang betrifft, 2 Gruppen von Menschen: die einen sehen sich die Lage an, betrachten die militärischen und wirtschaftlichen Kräfte, wägen sie ab und folgern daraus die sich ergebenden Möglichkeiten, nüchtern und sachlich ohne Sentimentalität, die anderen erklären sich für inkompetent und überlassen alles der genialen Leitung unseres Führers, ihm billigen sie zu, daß er alles vorausberechnet und jede Möglichkeit erwogen hat, so daß kein Zwischenfall seinen unbedingt auf den Sieg zusteuernden Plan zu durchkreuzen vermag. Diese letzteren interessiert daher viel mehr die Zeit nach Kriegsende. Sie sehen in der Ukraine eine deutsche

Verwaltung und deutsche Wirtschaftler, vielleicht auch Siedler. Rußland ist gänzlich von der Ostsee verdrängt und die baltischen Staaten sind Protektorate geworden. Bei einer Flasche Cognak läßt sich in dieser Beziehung also manches erzählen. Entscheidend wird natürlich auch in diesem Kriege die Stimmung in der Heimat sein. Darum war es wohl nicht von ungefähr, daß in einer Frontzeitung jetzt darauf hingewiesen wurde, welche Bedeutung den Feldpostbriefen zukommt, da durch diese in der Heimat neuer Auftrieb und Zuversicht gegeben werden müßten. Das kann ich mir sehr gut vorstellen.
Weißt Du, dieser Krieg wird ja durch eines besonders erschwert: sowohl in Rußland wie in England/Amerika geht es nicht nur um Gebietsabtretungen und Wirtschaftsfragen, diese könnten durch militärische Erfolge oder Verhandlungen erzwungen oder erreicht werden. In diesem Krieg geht es jedoch darum, daß jeder das Regierungssystem im Gegenland vernichten will. Wir wollen den Bolschewismus und Stalin beseitigen, ebenso den weltbeherrschenden Kapitalismus und Churchill, jene den Nationalismus und unseren Führer. Darum ist hier wie dort ein Kapitulieren unmöglich, selbst wenn Stalin nach Sibirien und Churchill nach Kanada gehen soll. Beide Parteien müssen also auf die völlige Vernichtung des anderen bedacht sein oder sie müssen ihr eigentliches Kriegsziel aufgeben. Letzteres könnte natürlich nur dann der Fall sein, wenn beide erschöpft und am Ende ihrer Kräfte einsähen, daß sie doch den Sieg nicht erringen könnten. Doch nun genug davon!
(...)
Mein Lieb, hoffentlich bist Du mir ob meiner Ergüsse nicht böse! In Ermangelung anderer Erlebnisse wußte ich nichts Besseres zu schreiben.
Schreibst Du auch eifrig an die hiesige Feldpost-Nummer?
Recht, recht innigen Gruß

Dein Heinz

Andernorts teilte beispielsweise Hans Albring nicht die optimistischen Töne von Heinz Rahe. Albring lag mit seiner Einheit vor Sankt Petersburg, dem damaligen Leningrad, und im Gegensatz zum vorigen Briefschreiber ahnte er, was der heraufziehende Winter für die Wehrmachtssoldaten bedeuten könnte. Albring schreibt an seinen Freund Eugen am 4. September 1941:

Lieber Eugen,

(...) Hier ist Europa schon zu Ende, mag es auch geographisch nicht stimmen – in einer feuchten Blockhütte, eingezwängt und zähneklappernd vor feuchter Kälte. Ich hatte gestern Wanzen, die mich fürchterlich zerstachen, und das schlimmste Jucken beginnt erst jetzt. Dazu das erbärmlich schlechte Wetter und wenig Aussicht, daß es in unserem Abschnitt vorangeht – Deine Ahnung mit P. ist recht. Dort lagen wir aber vor fast zwei Monaten am 15. Juli, jetzt sind wir nicht allzu weit von der Dünaquelle entfernt, an deren Ufern in W. wir noch vor 4 Tagen in Zelten lagen. Ich ahne, daß wir hier 'hinieden', und alle nahe erregenden Betrachtungen, wie ist es so aus diesem Umstand entspringen, laufen nicht in Fragezeichen, sondern in Wirklichkeiten, vor denen mir doch gelinde graut.

Im Tagebuch des OKW heißt es wenige Tage zuvor im nüchternen Stil der Stabsoffiziere:

„Bei H.Gr. Nord gewinnt die 16. Armee mit dem LVI. AK. unter schwierigsten Geländeverhältnissen gegen zäh kämpfenden Feind langsam Boden. Die Armee beabsichtigt, mit dem II. Korps am 30.8. in Richtung Molwotizy anzugreifen.

Nördl. des Ilmensees wird der Angriff gegen Leningrad durch die infolge der Wetterverhältnisse schlechten Wege und durch z. T. heftigen Feindwiderstand aufgehalten. Es gelingt jedoch der Gruppe Schmidt, mit der 20. I.D. (mot.) so weit vorzustoßen, daß die letzte von Leningrad nach Osten führende Eisenbahnstrecke bei Mga. unter Artl.-Feuer genommen werden kann.

In dem nördl. Luga sich bildenden Kessel wehrt sich der Gegner hartnäckig und versucht wiederholt, von Panzern unterstützt nach Norden durchzubrechen.

Bei der 18. Armee kommt der Angriff des XXXVIII. und XXVI. AK. in Richtung Leningrad nur langsam vorwärts. Der Feind verteidigt sich hier nachhaltig unter Ausnutzung der zahlreichen Bachabschnitte und Küstenbefestigungen."

Drei Tage später schreibt Klaus Becker, der mit seinen Einheiten über Polen, Weißrussland und die Ukraine immer tiefer nach Russland vorrückte, an seine Frau über die immer schwieriger werdende Situation bei der Verpflegung der Truppen:

Meine liebe Suse!

(...) Die Dörfer von uns bis zur Front sind von der Bevölkerung geräumt, und der Roggen stand immer auf dem Halm. Das ist aber inzwischen anders geworden. Die Bevölkerung wird von der Militärverwaltung zur Erntearbeit gezwungen. Einmal ist ihnen gesagt, falls sie die Ernte nicht einbringen, bekommen sie nichts von der Ernte, und auch in anderer Weise werden sie zur Arbeit angehalten. Die Leute stehen hier zum Teil auf dem Standpunkt, daß es keinen Zweck hätte zu arbeiten, da ihnen doch alles wieder genommen würde. Bisher trifft dies wohl auch zu. Wenn der deutsche Soldat etwas brauchte, so hat er sich dies aus den Häusern herausgeholt. Das wird wohl auch an der vordersten Linie so bleiben. Denn bevor wir hungern oder frieren, sehen wir zu, dass wir etwas zu essen und heizen bekommen. (...)

Holz nehmen wir natürlich zuerst von eingestürzten Häusern oder solchen, die nicht mehr bewohnt werden. Wenn es aber in den Winter hinein geht, so werden wohl ganze Häuser zum Bunkerbau dran glauben müssen und manches Haus auch langsam zu Brennholz zerkleinert werden. Was soll der deutsche Soldat schließlich anderes machen. Seine Sicherheit und Gesundheit muß den Belangen der Bevölkerung vorgehen. Männer bekommt man hier kaum zu sehen. Auf dem Acker, der an unsere Stellung stößt, waren beim Roggenschneiden nur Frauen – etwa 35-40 – beschäftigt. Sie haben aber ganz gut geschafft. Ich weiß nur nicht, ob die Ernte ausreicht, die Landbevölkerung hier zu ernähren. (...)
Mit den herzlichsten Grüßen auch an die Kinder!

Dein Klaus

Hoffnung hier, beginnende Desillusionierung dort: Wo die einen noch von raumgreifenden, großen Kesselschlachten und Vorstößen träumen, waren andere im Stellungs- und Belagerungskrieg längst über jeden Meter froh, den man dem Feind abrang. Mit der Einnahme von Schlüsselburg am Ladogasee war Leningrad Anfang September 1941 von allen Verbindungen über Land abgeschnitten. Während 42 deutsche Divisionen von Süden und Osten vorrückten, stießen finnische Truppen von Norden aus vor. Die Einnahme Leningrads stand kurz bevor. Doch es sollte kein leichtes Unterfangen werden, wie den Zeilen Heinz Rahes anzumerken ist. Innerhalb von Tagen hatte sich sein Enthusiasmus gewandelt, als er seiner Frau am 7. September 1941 folgende Zeilen schrieb:

Meine liebe Ursula!

(...) Es ist vielleicht am Tage nicht viel: bald hier ein kleiner Vorsprung, bald dort, bis man nach Tagen sieht, welchen Einfluß das in dem größeren Rahmen der Operationen hat. Jetzt wird es vielleicht noch 8 Tage dauern, bis Petersburg genommen ist, vielleicht 10-14 Tage, dann ist Kiew in unserer Hand. Es ist nur bedauerlich, daß das Wetter jetzt oftmals so schlecht ist. Aber unser Herbstziel werden wir trotzdem wohl noch erreichen.
(...)
Denkst Du mal an ein paar Briefumschläge?

Ich grüße Dich, meine liebe Frau, von ganzen Herzen!

Heinz Rahe täuschte sich. Leningrad wurde nämlich von 30 sowjetischen Divisionen der Roten Armee verteidigt, die zusammen mit fast einer halben Million Einwohner stark befestigte Stellungen, Barrikaden und Panzersperren errichtet hatten. Bereits Ende September hatte sich die Front stabilisiert – zugunsten der Sowjets. Die Belagerung sollte insgesamt 900 Tage andauern. Sie wurde für die Sowjets zum Symbol ihres verbissenen Widerstandswillens – vor allem auch deshalb, weil Hitler auf eine schnelle Erstürmung der Stadt Anfang Oktober zugunsten anderer strategischer Ziele verzichtet hatte.
Ein anderer Briefschreiber ist Hans Simon, der mit dem Infanterie-Regiment 27 der 12. Infanterie-Division sowohl am Polen- als auch am Frankreich- und Russlandfeldzug teilgenommen hatte. Ab dem 22. Juni 1941 stieß er mit seiner Einheit aus dem Raum ostwärts von Goldap auf Kowno vor. Südlich von Dünaburg wurde die Düna überschritten und die Division marschierte über Kraslaw und Ssebelino bis südlich von Cholm am Lowatj. Ab September kam es zu ersten Abwehrkämpfen bei Demjansk, denen sich im Oktober 1941 der Vorstoß bis in die Waldaihöhen anschloss. Noch konnte Simon nicht ahnen, dass die Rote Armee hier bereits in wenigen Monaten,

im Februar 1942, einen ihrer ersten großen Erfolge in der russischen Winteroffensive in der Kesselschlacht von Demjansk erreichen sollte, bei der sechs deutsche Divisionen, unter anderem auch die 12. Infanterie-Division, eingeschlossen werden sollten. Es deutete nur wenig darauf hin, dass sich das Kriegsglück schon bald wenden würde, als Simon am 8.9.1941 seiner Mutter von den immer mühsamer werdenden Kämpfen berichtete:

Liebes Muttichen!

(...) Und jetzt ist wieder eine Pause eingetreten, Verpflegung und Post rollen auf der sog. Rollbahn, während wir seitlich davon die Wälder durchkämmen. Nun sind die Wege in den Ausläufern der Waldei Höhen so, daß ich sie nicht beschreiben kann. Meter um Meter muß man sich oft durch Dreck und Lachen kämpfen. Es hat in den letzten Tagen sehr geregnet und dann hält sich die Feuchtigkeit in den Wäldern sehr. Von morgens früh bis zum späten Abend, oft in die dunkle Nacht hinein mußten wir Wegebau machen und die Fahrzeuge durch den knöcheltiefen Schlamm quälen. 6 Tage kam keine Verpflegung ran. Wir mußten uns etwas schlachten (aber ist was zu finden!). Nun haben wir Essen im Überfluß und --- alle den Magen verdorben. Ich wundere mich nur, daß ich mir nicht mehr weggeholt habe. Tagelang nasse Stiefel und Klamotten, und dann die kalten Nächte. Es ist aber alles gut gegangen, und das ist die Hauptsache. Hier rollen neben uns Panzer und Panzer und es geht weiter. Endlich, endlich!
Es war ein Kampf mit dem russischen Magen, den ich so leicht nicht vergessen werde. Jetzt sind wir vor Waldai und Cholm und haben hoffentlich in 8 Tagen die Bahnlinie Petersburg-Moskau erreicht. Und dann hoffe ich, daß für uns der Feldzug hier beendet ist. Hoffentlich müssen wir den Winter über nicht hier

bleiben. Es kann jetzt nachts schon empfindlich kalt werden. Die Russen befinden sich hier vor uns in der Auflösung. Kanonen und Panzerwagen lassen sie stehen, viele werden als Gefangene umgebracht. (...)
Nun liebes Muttichen, alles Gute. Ich lasse Pappi für Briefpapier und Zigaretten danken. Herzlichst

Dein Hansi

Es ging also immer noch voran. Noch! Und man muss schon sehr genau zwischen den Zeilen lesen, wenn ein Briefautor wie Edgar Steuerwald seinen Eltern in Deutschland nicht mehr von großen Vorstößen berichtete, sondern andeutungsweise von der heftigen Gegenwehr der Russen und vom beginnenden Stellungskrieg am 13. September 1941. Wo genau er stationiert war, durfte er seinen Eltern nicht verraten, aber wir können es erahnen: Als Soldat beim Infanterie-Regiment 92 der 60. Infanterie-Division nahm er bereits ab April 1941 am Balkanfeldzug teil. Die Division stieß über Nish und Krusevac bis nach Kragujevac vor, drehte hier nach Süden ab und erreichte über Mitrovica die griechische Grenze. Hier beendete die Division den Balkanfeldzug. Anschließend wurde die Division OKH-Reserve und der Heeresgruppe Süd über Lemberg, Dubno und Miropol in die Ukraine nachgeführt. Es folgte die Schlacht bei Berditschew, der Vormarsch nach Bjelaja Zerkow und die Kämpfe um Uman. Nach der Einnahme von Dnjepropetrowsk folgten im September 1941 Kämpfe um den Dnjepr-Brückenkopf. Von dort dürften die folgenden Zeilen stammen:

Meine lieben Eltern!

(...) Die russische Artillerie spendet uns reichlichen Feuersegen, d.h. nicht uns, sondern unserer Artillerie, die einige Kilometer hinter uns ist. Ab und zu schießt er mit Zigeunerartillerie (Granatwerfer). In diesen beiden Tagen haben wir Gott sei Dank noch keine Verluste. Unsere Unterstände sind z. teil sehr gut. Sie wurden von gefangenen Russen gegraben, die hiervon sehr viel verstehen. (...)
Ich möchte Euch ja gerne verraten wo ich bin, aber leider darf ich es nicht. Ich kann Euch aber den Tip geben, daß wir am weitesten in Rußland drin sind. Vielleicht könnt Ihr es Euch denken. (...)
Für heute seid nun 1000 x gegrüßt + geküßt von Eurem

Edgar

Im Oktober 1941 begann die Division mit dem Vormarsch zum Asowschen Meer über Mariupol und Taganrog bis nach Rostow. Hier traf die Division auf die russische Winteroffensive. Aber schon vorher, im Oktober, kam Edgar Steuerwald bei Mariupol als Gefreiter ums Leben.

Doch auch die folgenden Zeilen von Heinz Rahe vor Leningrad, dem wir in diesem Kapitel bereits mehrfach begegnet sind und der immer noch von einem grundsätzlichen Optimismus geprägt war, was den Kriegsverlauf der nächsten Wochen anging, werden zunehmend von Schilderungen des immer stärker werdenden sowjetischen Widerstands dominiert. Am 14.9.1941 schreibt er an seine Frau:

Meine geliebte Ursula!

(...) Soeben bin ich wiederholt gestört worden. Es ist Sonntagabend, draußen summen Stukas, mit Bomben beladen, über uns hinweg in nördliche Richtung. Sie werden jetzt in die Kolonnen der Russen hinein stürzen und zu der Einschließung die Bestürzung und das Chaos bringen. Großes ist auch von unserer Truppe in diesen Tagen geleistet worden. Natürlich ist auch der Russe nicht müde. Ich schlief heute Nacht wegen des beengten Raumes draußen in meinem Kadett. Da wachte ich wiederholt auf, als russische Bomber über uns hinwegfegten. Sie hatten die Vormarschstraße und die Brücken über den . gesucht. Dort sah man in der weiten Ferne Scheinwerfer und Flakschießen, kurz darauf flogen sie wieder über unser Dorf zurück, nachdem sie auf der Panzerstraße ihre Bomben abgeladen hatten. Hier in unserem abseits gelegenen Dorf vermuteten sie natürlich nichts von Bedeutung. Vor allem die Brücken sind ihnen wichtig. (...) Nun leb wohl, mein Lieb! Grüße die Verwandten recht herzlich von mir, vor allem aber sei Du recht von Herzen gegrüßt von

Deinem Heinz

Es war der zunehmende Widerstand der Sowjets, aber vor allem die ausbleibenden Siege der Wehrmacht, über die man in den Briefen der Frontsoldaten etwas liest respektive nichts mehr liest. Aber noch deutete nichts auf die große strategische Wende beim Krieg im Osten hin. Vielmehr stehen in den Briefen die persönlichen Schicksale im Vordergrund. Von einem berichtet Gustav Böker, Soldat bei der 111. Infanterie-Division, Teil der 6. Armee der Heeresgruppe Süd, die rund um Kiew auf dem Höhepunkt der dortigen Kesselschlacht (bis 27.9.1941) kämpfte. Böker schreibt am 16. September 1941 an seine Eltern:

Ihr Lieben!

(...) Leider muß ich Euch noch eine sehr, sehr traurige Mitteilung machen. Mein Freund Hermann Heuer ist am 12. Sept. bei Ostev (nördlich Kiew) gefallen. Ich habe es denselben Tag noch durch Heise, Stedendorf, der bei den Sanitätern ist, erfahren. Er starb auf dem Hauptverbandsplatz in Ostev. Sollte dort noch nichts bekannt darüber sein, so erzählt das, bitte, noch nicht. Erst wenn es amtlich ist, könnt Ihr es vor Heuers meinetwegen sagen. Ja, er hat eben Pech gehabt. Glück, sogar eine ganze Portion, muß man schon haben, wenn man aus diesem Rußlandfeldzug heil und gesund herauskommen will.
Am 11.9. setzten wir endlich mit Schlauchbooten über die Desna. Am Sonnabend haben wir dann noch Verkehrsposten gestanden, denn es mußten noch 9 Div. nach uns über diesen Fluß. Somit erreichten wir die Stadt Ostev und fuhren am 14.9. über die Ostev. So sieht es augenblicklich aus. (...)
Mit den allerherzlichsten Grüßen verbleibe ich

Euer Gustav

R. B., der mittlerweile ebenfalls in Russland stationiert war, schreibt am 17.9.1941 seinem Bruder:

Im Felde, den 17. Sept 1941

hier eingegangen 20. Okt. 41

Lieber Friedrich!

Draußen regnet es in Strömen, und zwar seit den frühen Morgenstunden schon. Das reinste Henkerswetter. Während alle

anderen Gruppen draußen wie alltäglich Straßenbau machen, sitzen wir im Bau u können uns von unserer nicht alltäglichen Arbeit ausruhen. Unsere Gruppe hatte nämlich den Auftrag: 3 Zivilbanditen, die vor Tagen einen Sanitätswagen unseres Bataillons überfallen hatten, aufzuhängen. Die wurde nun heute Morgen besorgt und jetzt baumelt an den Dorfeingängen solch ein Lüing. Eine Warnung u ein Schrecken für die Bewohner. Ein Kommisser wurde noch erschossen. So kommt man in diesem Krieg zu den grausamsten Handlungen, die geradezu mittelalterlich anmuten. Einige Zeit liegen wir nun schon ohne Marschleistungen still. Nach unserer Rückkehr von einer Aufklärungsabteilung, der unser Zug zugeteilt war u wo es uns allen fabelhaft gefiel, sind wir bei der Kompanie sofort mit Arbeit betraut. Knüppeldämme durch Sumpf u Waldgelände sind unsere Bauwerke. Bei gutem Wetter macht es schließlich Spaß, doch bei Kälte u Regen ist es gerade nicht erfreulich, draußen zu murksen zumal die Arbeit von 6.00 18.00 durch laufend geht. (...)
Dir, lieber Friedrich alles Gute u baldige völlige Gesundung.

Herzliche Grüße Dein R.

Kiew und Leningrad – das waren im September/Oktober 1941 die beiden Städtenamen, die sowohl für Erfolg als auch für den sich abzeichnenden Misserfolg der deutschen Wehrmacht im Ostfeldzug standen. Leningrad stand dabei zudem für eine bisher noch nie dagewesene Brutalisierung des Krieges gegenüber Soldaten und Zivilbevölkerung in einer eingeschlossenen Stadt. Die ersten Bombardements aus der Luft begannen am 8. September – vornehmlich mit Brandbomben auf Industriebetriebe wie die Kirow-Werke unweit des deutschen Belagerungsrings, Regierungsgebäude, aber auch auf Bahnhöfe, Schienen und Straßenkreuzungen, Lebensmittellager, Schulen und Kindergärten. Mehrere zehntausend Tonnen Brandbomben lud die Luftwaffe über der Stadt ab, am Ende kamen mehr als 16.000 Menschen durch die Luftangriffe zu Tode. Einen der Angriffe schildert der folgende Feldpostbrief von Georg Fulde, der am 29.9.1941 an seine Schwester schreibt:

U.d.S.S.R. 29.9.41

Liebe Schwester nebst Schwager!

(...) So manche Nacht hing ich mit meiner guten Heinkel 111 im stärksten Scheinwerferlicht u. Flakfeuer. Aber meine Bomben haben ihr Ziel noch nie verfehlt. Mancher russische Bahnhof ist schon in die Luft geflogen. Aber auch manchmal wurde meine Maschine zerschossen. Ich kam immer nach Hause. Letztens morgens um 6 Uhr, nachdem ich eine große Kaserne vor Leningrad in die Luft gejagd hatte, griffen mich 3 feindl. Jäger an. Mir wars nicht gut zumute. Ein Jäger jagte mir von hinten einen Kanonenschuß durch mein linkes Kabinenfenster 10 cm an meinem Kopf vorbei. Er wurde anschließend von einem unserer Jäger abgeschossen: das war ein toller Luftkampf. Die Maschine wird einem ja oft mal zerschossen, aber man muß Glück haben u. das hatte ich jedesmal, daß ich selbst mit dem Kopf geschüttelt habe. Vor 14 Tagen erhielt ich über Leningrad Sonnabend nach 1 Uhr einen Volltreffer im rechten Motor. – Dieser fing an zu brennen. Ich brachte aber die Maschine noch heil nach Hause. So geht das öfters. Aber das ist so spannend, wenn einem die bunten Sachen so entgegenfliegen u. dann krepieren, daß man selbst vom Sitz fliegt. Diese Nacht jagde ich in Leningrad einen Gasomaten in die Luft, die Detonation war unbeschreiblich! Furchtbare Brände gab es. Gestern war ja auch Sonntag. Ich startete in der untergehenden Sonne um 18 Uhr. Das war dann mein Sonnenuntergangsflug. Ein Wochenende gibt es bei uns nicht. Oft weiß man überhaupt nicht wie man lebt. Heute Nacht geht es gleich 2 x nach Leningrad, dann wird die Stadt bald fertig sein. Wir

greifen nur militärisch wichtige Ziele an. Nicht wie der Tommy, der seine Bomben in die Häuser wirft u. dann schleunigst wieder absaust. Ich selbst mache es sogar so, daß ich nach dem Bombenwurf noch eine Leuchtbombe werfe, um zu sehen ob meine Bomben richtig gesessen haben. Wenn Leningrad gefallen ist, geht es auf Moskau. Diese Stadt bombardierte ich im August schon mal. Dort ist schwer was los. Zirka 700–1000 Scheinwerfer u. sehr viel Flak. Aber die Russen kann man durch dauernde Täuschungsmanöver so bluffen, daß sie überhaupt immer daneben schießen. Es gehören natürlich einige Erfahrungen dazu. Ich habe eine tadellose Besatzung. Wir verstehen uns. Wenn wir unsere Bomben geworfen haben, wird auf dem Heimflug die erste Zigarette geraucht u. mittels des Peilgerätes werden Nachrichten u. Tanzmusik gehört. Das ist eine Erholung. Zu Hause angekommen gibt's heiße Suppe, Bohnenkaffee, Eier usw. Uns fehlt es an nichts. Man braucht es aber. Denn als wir Moskau die ersten male angriffen flogen wir mit 40 Zentner Bomben von Königsberg dort hin. Abend 19 Uhr war Start u. morgen 5 Uhr sind wir wieder gelandet. Das waren immer 10 Stunden. Ihr könnt Euch vielleicht nicht vorstellen was ein 10 stündiger Feindflug bedeutet! Da war man restlos fertig! So ging das jede Nacht. Als dann in Rußland die Flugplätze besser wurden zogen wir um. Rußland ist eine elende Wüste. Das kann sich kein Mensch vorstellen. Und dazu dieses verkommene rohe Volk u. der Dreck. Ich möchte nicht wissen, was aus Euch u. aus Deutschland geworden wäre, wenn die Bolschewisten ins Reich gekommen wären, wie es geplant war. Aber es ist gottseidank umgekehrt gekommen. Wenn der Russe etwas menschlicher, nicht so grenzenlos verhetzt wär, wäre der Krieg schon aus. Das sind ja gar keine Menschen, sie sind völlig vertiert. Aber es kann sich jeder drauf verlassen, wir geben es ihnen, wo er auch ist. Diese Lumpen brennen ja alles ab, die Behausungen ihrer eigenen Mitmenschen. Man sieht es täglich. Ein grausig schönes Bild ist es, wenn man nachts die eigentliche Front überfliegt. Die Front brennt auf russischer Seite 100te von Kilome-

tern, ganze Städte u. Dörfer. Der Himmel ist glutrot. Unter uns toben harte Kämpfe. Wir aber fliegen bis tief ins Feindesland hinein. Kommt man nun gegen Morgen vom Feindflug zurück u. fährt mit dem Wagen ins Quartier, muß man sich noch auf einen Erdkampf mit versprengten Russen gefasst machen. Jede Nacht gibt es noch im Hinterland Schießereien. Auf einsamen Landstraßen wurden Kraftfahrer niedergeknallt u. ermordet, Autos beschossen. Auf d. Abort kann man nur mir der Maschinenpistole gehen, dergleichen schlafen gehen. Als wir letztens gegen Morgen bei der Heimfahrt beschossen wurden, ließ ich anhalten u. dann haben wir 5 solche Strolche über den Haufen gerannt. Ich habe 3 davon mit der Maschinenpistole umgelegt, als sie uns bei der Gefangennahme Handgranaten vor die Füße werfen wollten. Aber das ist nichts neues mehr. Es ist eben Krieg. Und der wird hier bald aus sein. Dafür werden wir Flieger schon sorgen.
Nun will ich schließen. Gleich ist Einsatzbesprechung u. dann geht es auf Leningrad.

Herzl. Grüße Euer Georg

Und es wurde mit allen Mitteln und vor allem erbittert gekämpft. Im OKW-Bericht heißt es am 9. September 1941 zum Beispiel:

„Pz.Gr. 4 und Ostgruppe der 18. Armee griffen den äußeren Befestigungsgürtel von Leningrad an. Trotzdem Feind in zum Teil modernen Kampfanlagen, unterstützt durch Artl. – auch schwersten Kalibers – und gesichert durch stark vermintes Gelände, erbitterten Widerstand leistet, gewann der Angriff Boden und erfolgte stellenweise der Einbruch in die feindl. Stellung. Heftige Ausbruchsversuche des ostw. Orlinskoje-See eingeschlossenen Feindes wurden abgewiesen, 1100 Gefangene und zahlreiche Beute eingebracht.“

Wenige Tage später findet sich der Eintrag: *„18. Armee durchdrang mit XXXVIII. AK. an weiteren Stellen den Befestigungsgürtel um Leningrad und stieß in ebenfalls härtesten Kämpfen bis in die Ortsmitte von Krasnyj Gorod* *vor. Bei den Kämpfen um das Höhengelände 6 km westl. Krasnyj Gorod wurden nach Abwehr starker feindl. Gegenangriffe mit Panzern 50 Bunker (darunter solche mit 2 m Betonstarke und 10 cm dicken Kugelblenden) sowie modernste Bunker mit drehbaren Panzerkuppeln vernichtet.“*

Gekämpft wurde auch mit den Mitteln der Propaganda. Auf einem Flugblatt der Roten Armee an die deutschen Truppen vor Leningrad heißt es aus dieser Zeit:

„Deutsche Soldaten! Nun steht Ihr vor Leningrad, aber Hunderttausende Eurer Kameraden sind zugrunde gegangen. Jetzt erwartet Euch selbst der unvermeidliche Untergang. Leningrad ist eine der stärksten Festungen der Welt und keinen Kräften wird es gelingen, diese Festung zu stürmen. Euer Kommando weiß das, jagt Euch aber in den sicheren Tod. Verhindert die sinnlose Selbstvernichtung! Geht auf die Seite der Roten Armee über, solange es noch nicht zu spät ist. An der Front erwartet Euch ein ruhmloser Tod. (...)“

Die Rote Armee spielte auch im Süden des Landes, auf der Krim, geschickt mit den aufziehenden Sorgen der deutschen Landser. Hellmuth H., Soldat beim Grenz-Infanterie-Regiment 122 (später Infanterie-Regiment 122) der 50. Infanterie-Division, war mit seiner Einheit auf dem Weg durch Bessarabien und nach dem Durchbruch durch die Stalin-Linie in Richtung Krim unterwegs, wo sich die Sowjets schon bald – im Dezember – auf die Festung Sewastopol zurückziehen sollten, um sich hier erbittert zu verteidigen. Hellmuth H. schreibt an seine Familie am 30. September 1941:

Mein liebes Beißerle!

(...) Ein sehr interessantes russisches Flugblatt bekam ich neulich, wo vom heldenmütigen Partisanenkampf geschickt in Verbindung mit Schill und Andreas Hofer die Rede war; dann: „Wenn Du nicht aus freien Stücken von hier fortgehst, bist Du verloren. Der harte russ. Winter zieht herauf. Komm herüber.“ usw.
Heut bin ich etwas müde, deshalb herzlichen Schluß

Dein Hellmuth

„An Weihnachten sind wir zu Hause"

Rufen wir uns noch einmal in Erinnerung: Drei riesige deutsche Heeresgruppen mit Hunderttausenden von Soldaten und Tausenden Fahrzeugen kämpften sich immer noch in die Tiefen Russlands vor. Nicht mehr ganz so schnell wie am Anfang, aber immer noch mit erstaunlicher Hartnäckigkeit. Die Heeresgruppen Nord, Mitte und Süd schienen unaufhaltsam. Und sie reihten im Oktober 1941 immer noch einen militärischen Erfolg an den anderen. Um nur wenige Beispiele zu nennen: Die Heeresgruppe Mitte bricht Anfang Oktober durch die Dessna- und Dnjepr-Stellungen durch (2.-6.10.1941) und schlägt – wie schon erwähnt – in der Doppelschlacht bei Wjasma und Brjansk die Rote Armee vernichtend (2.10.-20.10.1941). Es folgen der Vorstoß über Bolwa, Ugra und Gshatsk gegen Moskau und Woronesh, der Durchbruch durch die Moskauer Schutzstellung in der zweiten Oktoberhälfte, ein weiterer Vorstoß nach Orel und die Einnahme von Kursk (24.10.1941).

Ähnlich sieht es bei der Heeresgruppe Süd aus. Sie kämpft vor allem am Asowschen Meer und erringt hier noch einmal große Siege. Im Tagebuch des OKW heißt es: „*Das Oberkommando der Heeresgruppe Süd meldet zum Abschluss der Schlacht nördlich des Asowschen Meeres: H.Gr. Süd hat mit 11. Armee und 1. Pz.Armee, wieder unterstützt durch Luftflotte 4, die rote Abwehrfront am unteren Dnjepr zwischen Nowomoskowsk und dem Asowschen Meer in einer, seit dem 26.9. laufenden Operation zertrümmert.*

Aus schwerer Abwehrschlacht zur rastlosen Verfolgung antretend, haben die Inf.- und Geb.Div. der 11. Armee sowie SS-„A.H." Seite an Seite mit den tapferen, verbündeten Truppen der rum. 3. Armee Leistungen in Verteidigung, Angriff und Marsch vollbracht, die umso mehr zu würdigen sind, als der Feind mit seiner, im Gefechtsgebiet zahlenmäßig überlegenen Luftwaffe häufig mit starken Kräften in den Erdkampf eingriff.

1. Pz.Armee rollte in rücksichtslosem Vorstoß die feindl. Dnjepr-Verteidigung von Dnjepropetrowsk bis zum Dnjepr-Knie südl. Saporoshje auf, zwang hierdurch die die 11. Armee angreifenden roten Armeen zum Rückzug, umfasste in überholender Verfolgung die Masse der vor 11. Armee nach Osten sich absetzenden roten 9. und 18. Armee und vernichtete sie im Zusammenwirken mit 11. Armee. Ital. und slow. Verbände haben an ihren Erfolgen wesentlichen Anteil. Die „Schlacht nördl. des Asowschen

Meeres" schuf durch Vernichtung bzw. Zersprengung der roten 6., 12., 9. und 18. Armee die Voraussetzung für den weiteren Vorstoß der 1. Pz.Armee an den Unterlauf des Don und den Angriff der 11. Armee auf die Krim. Die H.Gr. brachte in dieser Schlacht 106.332 Gefangene ein. Erbeutet oder vernichtet wurden 212 Panzer, 672 Geschütze, 21 Flak und 73 Pak. Zu den Gefangenen müssen sehr hohe blutige Verluste des Feindes gerechnet werden. Vor 16. Pz.Div. fiel OB 18. russ. Armee Gen.Lt. Mirnow."

Und so kämpften die Deutschen schon bald vor Rostow, Charkow, Belgorod und bei Kertsch (28.10. 16.11.1941). Einzig die Heeresgruppe Nord hatte es schwer. Sie stand in harten Abwehrschlachten vor Leningrad sowie zwischen dem Ilmen- und dem Ladogasee (26.9.-15.10.1941) und im Waldaigebiet.

Kann man also angesichts dieser Erfolge von einer sich abzeichnenden Niederlage sprechen? Wohl kaum. Wegen der riesigen Erfolge meldete das Oberkommando der Wehrmacht (OKW) schon am 10. Oktober anlässlich einer offiziellen Pressekonferenz, dass der Feldzug im Osten schon bald gewonnen sei. Schon bald, so glaubten viele, ginge es dann wieder heim.

Oberst der deutschen Wehrmacht bei der Begrüßung von genesenden Wehrmachtssoldaten an der Front bei Protasowa / Russland

Einer von ihnen war Hans Albring, der unter anderem bei der Korps-Nachrichten-Abteilung 469 und in den Infanterie-Regimentern 199 bzw. 689 der Heeresgruppe Mitte diente. Er schreibt seinem Schulfreund Eugen und äußert dabei eine weit verbreitete Hoffnung vieler seiner Kameraden:

Rußland im Oktober 1941

Lieber Eugen

Nicht nur winterlich kalt ist es hier bereits, seit vorgestern fällt auch schon Schnee, und da wir viel Zeit haben, stellen wir uns vor, wie es hier wohl in einem Monat aussehen mag. Den Morgen über und des Abends umsitzen wir Chrysostomas warmen Kamin. Nur im Mittag verschwinden wir, um Portionen zu fassen und den frühen Nachmittag zu einem Gang durch die Stadt. Heute sind auch drei Wochen her, seit ich die letzte Post bekam – seitdem schweigt die Umwelt für mich – ich bin lebendig begraben. Ich weiß nicht, ob Du schon in ähnlicher Situation warst. Die Unruhe läßt einen zu nichts kommen. (...) Eben erzählte man hier, Deutsche Truppen liegen vor Moskau. Ob es wahr ist? Wir hören und sehen ja nichts, gar nichts und schlafen nachts mit entsicherter Knarre am Bett. Es sind hier sehr sehr viel Partisanen und die Luft daher mulmig. (...)
In einer Rede vom hohen Olymp hätte es geheißen, der Krieg sei in Rußland noch in diesem Jahr zu Ende. 'Nach Hause, nach Hause, nach Hause laßt uns gehen!' Heil Dir und frohe Wünsche hunderttausend

Dein Hans

Fritz Pabst, der Autor des folgenden Feldpostbriefes, war von Beruf her Tischler und kam als Soldat zum Brückenbau-Bataillon 655, das bei der Mobilmachung am 26. August 1939 im Wehrkreis IX (Kassel, Frankfurt am Main, Weimar) aufgestellt wurde. Anfangs wurde das Bataillon im Westen eingesetzt. Im Ostfeldzug wurde das Bataillon zuerst in Mittelrussland eingesetzt, später in Stalingrad. Aus Mittelrussland schreibt Fritz Pabst an seine Ehefrau Hildegard am 5.10.1941:

Meine Lieben!

(...) Nun habe ich seit langen mal wieder einen freien Tag und den will ich z.T. zum Schreiben ausnutzen, denn ich habe in den letzten Tagen einige Briefe, von Dir mein Lieb, bekommen. Vor allem meine herzlichsten Dank dafür. So nach und nach wird wohl nun die Post der letzten vier Wochen uns erreichen. (...)
Uns hat es in der Zeit wo wir hier sind auch nicht daran gefehlt und manchmal gings bis spät in die Nacht und dann vorm Morgengrauen wieder raus. In acht Tagen wird wohl unsere Brücke fertig sein. Dann geht es wieder weiter. Vielleicht habt Ihr mal Gelegenheit und könnt sie in der Wochenschau sehen. Sie ist fast 600 mtr. lang. Heute Nacht war ich wieder mit draußen, man kann ja jetzt bei Nacht gut sehen, denn es ist Vollmond und überhaupt wunderbares Herbstwetter, so recht für uns. – Ein wunderbarer Anblick ist das, der breite im Mondlicht silbern glänzende Strom, darüber die Pontonbrücke über welche Kolone auf Kolone nach Osten zieht. Schade, daß ich solche Bilder nicht festhalten kann. (...)
Die Stadt bin ich inzwischen auch mehrmals mit dem Auto durchfahren und habe sie näher kennengelernt. Es gibt wun-

derbare Bauten zusehen, aber auch viele davon sind von dem Großfeuer, welches vorige Woche vier Tage gewütet hat, zerstört. Grauenhaft ist hier der Anblick fast das ganze Zentrum ist dadurch vernichtet oder ausgebrannt. Entstanden ist diese Feuer durch Sabotage der Juden die ja nun auch alle ihre Strafe dafür bekommen haben. (...)
Hier gibt es gar nichts mehr, die Bolschewisten haben alles restlos vernichtet. Ich habe schon grauenhafte Bilder der Vernichtung gesehen und kann Euch bloß sagen, dankt unserem Führer, daß er uns von dieser Gefahr befreit hat. Es gibt Bestien unter ihnen, die sich gegenseitig auffressen. – Das sind keine Illusionen sondern Tatsachen, die ich selbst gesehen habe.

Anton Böhrer nimmt explizit zur Rede Hitlers Anfang des Monats und zur allgemeinen Siegeszuversicht in den Reihen der Soldaten und Offiziere der Wehrmacht Stellung. Böhrer war von Beruf Gärtner. Zur Wehrmacht wurde er – wie bereits erwähnt – zum Jahresbeginn 1941 eingezogen. Er diente in den Artillerie-Regimentern der 221. und der 294. Infanterie-Division. Mit ihnen zog er im Barbarossa-Feldzug durch Polen, die Ukraine und nach Russland. Sein Dienstgrad war der eines Hauptwachtmeisters und sein Aufgabenbereich der eines Kompaniefeldwebels, im Volksmund „Spieß" genannt. Im Oktober kämpfte er als Teil der Heeresgruppe Süd, 6. Armee, im Raum Charkow im Donezbecken. Am 9.10.1941 schreibt er u.a. an seine Schwester:

Im Felde, den 9. Okt. 41

Meine Lieben!
(...) Neulich hat der Führer ja einen ganz großen Aufruf erlassen, aus dem hervorgeht, daß der Krieg gegen Rußland in diesem Jahr noch zu Ende gehen wird. Nach den neuesten Mel-

dungen hat sich nun die Front vor Moskau gelockert u. sobald die Hauptstadt fallen wird ist anzunehmen, daß eben Stalin mit seinen noch nicht durch Genickschuß erledigten Generalen nach Amerika verschwindet u. damit das Land wieder frei ist u. wir bald nicht mehr kämpfen brauchen. (...)
Es grüßt Euch alle recht herzlich Euer dankbarer Sohn u. Bruder

Anton

Der nächste Briefschreiber, Jakob Geimer, wurde vermutlich im Jahr 1940 zur Wehrmacht eingezogen. Im Zivilleben arbeitete der verheiratete Familienvater im Bergbau. Als Soldat kam er nach Polen in die Gegend um Częstochowa (Tschenstochau). Durch die einzige überlieferte Feldpostnummer 67035 lässt sich Geimer dem Feld-Ersatz-Bataillon 3 zuordnen, das schon bald der 3. Infanterie-Division (mot.) unterstellt wurde. Ab dem 22. Juni 1941 wurde die Division in Russland eingesetzt. Im Rahmen der Heeresgruppe Nord rückte die Division über Dünaburg, Ludza, Opotschka und Ostrow auf Porchow vor. Nach Kämpfen im Raum Mjedwed-Wereteni stieß die Division auf Luga und in den Raum südlich von Staraja Russa vor.

Nach einem weiteren Vormarsch auf Pola wurde die Division im Oktober 1941 zur Heeresgruppe Mitte in den Raum Roslawl verlegt. Von hier aus nahm die Division am Angriff auf Moskau teil. Sie stieß über Iswerja, Schanja, und Medyn auf die Moskau-Schutzstellung vor und wurde dann im Nara-Brückenkopf eingesetzt. Wie viele seiner Kameraden beeindruckte auch Geimer vor allem die unendliche Größe Russlands. Auch er war in dieser Zeit noch „trunken“ vom Sieg der deutschen Truppen und ihrer Verbündeten und hoffte auf ein schnelles Kriegsende. Am 10.10.1941 schreibt er u.a. an seine Schwester:

Lieber Jakob und Berta!

(...) Nachdem die Vernichtungsschlacht um Kiew beendet ist, sind wir wieder auf weiterem Vormarsch, Richtung Osten. Unzählige Km. haben wir schon runtergerasselt, ohne die, die wir im Kampf zurückgelegt haben. Daß das allerhand Strapazen sind, kann nur der ermessen, der die unendlichen Weiten Rußlands kennt, und von allem Anfang an mitgemacht hat. Das Elend, der Dreck und die armseligen Buden, die es hier gibt, sind wohl schon genügend geschildert worden. Ein Glück, daß wir sowas in Deutschland nicht kennen, und alle können nur unserem Führer dankbar sein, daß die Gefahr nun abgewendet ist. Der Führer hat in seiner Rede unsere Leistungen besonders gewürdigt. Und über allem „der deutsche Infanterist" darauf sind wir nun besonders stolz. Bin ich mal wieder zu Hause, können wir besser darüber reden. (...)
Was gibt es denn sonst für Neuigkeiten? Und kommen schon wieder die engl. Flieger. Na, nächstes Jahr denk ich, daß endgültig Schluß wird mit dem Krieg. Das gebe Gott. Das wär dann so alles, und ich will nun schließen. Nun haltet Euch gesund und munter, und in der Hoffnung auf ein baldiges Wiedersehen in der Heimat grüßt Euch vielmals

euer Jule

Wo einige Wochen vorher die Schilderungen noch von ersten Eindrücken des Anblicks russischer Städte, der Rotarmisten und des bäuerlichen Zivillebens geprägt waren, beherrschten nun andere Themen die Zeilen:

Das zunehmend schlechte Wetter, die Gedanken an das schnell zu Ende gehende Jahr und die zunehmende Härte des Kampfes. Franz Siebeler, der als Wehrdienstleistender im Oktober 1940 zur Wehrmacht kam, war als Teil der 1. Panzer-Armee mittlerweile in Rostow am Don stationiert. Am 11.10.1941 schreibt er an seine Eltern:

Ihr Lieben Alle!

(...) Um es gleich vorweg zu sagen, es geht mir gut. Nach Beendigung des Kessels, an dem wir hervorragend beteiligt waren, sind wir schon wieder ein Stück weiter zum Meere vor gestossen. Heute noch werden wir wohl an die Gestade des Asowschen Meeres gelangen. Das Wetter ist noch ganz gut. Der kalte Wind ist zur Gewohnheit geworden. Gestern Nachmittag sind wir Kradfahrer vorgerast, um dem Regen und dem damit verbundenen Matsch zu entgehen. Wir hatten Schwein und sind in letzter Minute mit Hängen und Würgen im Nachtquartier eingetroffen. Dann war alles ein Schlamm. Die Nacht über wehte ein starker Wind, so dass heute früh alles wieder trocken ist. Gott sei dank, denn dann können wir auch wieder fahren. Lange kann ja der Krieg nicht mehr dauern. Vorgestern haben wir einige tausend Gefangene eingebracht, darunter auch Flintenweiber. Ganz verkommende Gestalten. Der Feind war vollkommen eingeschlossen und auf dem Schlachtfeld lagen hunderte von toten Russen herum. Ein Greuel der Verwüstung! Alles lag durch- und übereinander! Genug davon. (...)
Schliesst mich in Euer Gebet ein. Tausend Grüsse und Küsse von Eurem Jungen.

Schickt bitte Briefumschläge!

Schlechtes Wetter, aufgeweichte Straßen und die womöglich letzte große Schlacht im Russlandfeldzug – die Einnahme Moskaus – beherrschten das Denken vieler Soldaten im Osten und natürlich auch ihrer Angehörigen in der Heimat. So auch im Brief von Klaus K., dessen Einheit im Oktober `41 aus der Ukraine in Richtung Moskau unterwegs war. Er berichtet seinen Eltern ebenfalls am 11.10.1941:

Liebe Eltern.

Haben jetzt seit zwei Tagen Schnee und Frost. Heute Nacht 7.0
so langsam wird es hir ungemütlich. Die Straßen sind jetzt in
einem unvorstellbaren Verhältnis. Alles grundlos und die Wagen
kommen kaum noch durch. Daß kann man so gar nicht schreiben
und schildern. Daß muß man gesehen haben. Man ist immer froh
wenn man nachts ein Dach über dem Kopf hat. Aber es geht ja
jetzt Folldampf an den Feind. Damit wir Weihnachten noch in der
Heimat verleben können. Hoffentlich wird es was. (...)
Wir sind jetzt an einer anderen Front weiter nördlich auf Moskau
eingesetzt. Auf der Fahrt vor drei Tagen hir her. Habe ich Hans
gesehen. Leider waren wir mit der Batterie im Durchfahren und
ich konnte Ihn nur zuwinken. (...)
Wir sind mit unserem Fernsprechgeräten hir. Die Geschütze
gerade in Stellung gefahren. Wir sollen eine Leitung zur B.stelle
legen. Hir ist ein großer Kessel. Unsere Flugzeuge werfen dauernt
Flugzettel ab damit sie sich ergeben. Eben kommen gerade wieder
ein par hundert Gefangene forbei. Wir sollen sie jetzt mit unseren
Geschützen im Erdbeschus zusammenschießen. Wo schwere Flack
im Erdbeschus eingesetzt ist wächst kein Gras mehr. Die Infan-
teristen hir haben die Flak im Erdbeschus und Panzern schätzen
gelernt. Teilweise sind unsere Panzer nicht mehr ohne unsere
Geschütze zum Angriff gefahren. Aber wie ich hörte haben meine
Waffenkameraden in Berlin auch ganz schöne erfolge!
Werde für heute schließen. Habe noch Arbeit. Damit wir Weih-
nachten zu Hause sind.

Grus Klaus

Edgar Steuerwald wurde 1940 der Einberufungsbefehl zugestellt. Er kam zum Infanterie-Regiment 92 (60. Infanterie-Division). Der Weltkrieg sollte für ihn zu einer kleinen Odyssee werden. Im Gefolge dieses Verbandes führte Steuerwalds Weg zuerst nach Rumänien, Serbien und schließlich in die südliche Ukraine. Nach dem Balkanfeldzug wurde die Division OKH-Reserve und der Heeresgruppe Süd über Lemberg, Dubno und Miropol in die Ukraine nachgeführt. Es folgten die Schlacht bei Berditschew, der Vormarsch nach Bjelaja Zerkow und die Kämpfe um Uman.

Nach der Einnahme von Dnjepropetrowsk folgten im September 1941 Kämpfe um den Dnjepr-Brückenkopf. Im Oktober 1941 begann die Division den Vormarsch zum Asowschen Meer über Mariupol und Taganrog bis nach Rostow. Vor diesem Hintergrund schreibt er am 13.10.1941 an seine Eltern von seiner ersten Verwundung im Kampf und – relativ freimütig – über die wachsenden Verluste in den eigenen Reihen:

Meine lieben Eltern!

Heute möchte ich Euch wiederum ein paar Zeilen schreiben. Mit der größten Freude erhielt ich heute Euren lieben Brief vom 17.9. Habe mich hierzu sehr gefreut, denn ich habe sehr lange keine Post von Euch erhalten. Sie geht immer ziemlich lange. Die Hauptsache ist ja daß man weiß, daß zu Hause noch alles gesund und munter ist. Mir geht es, ich kann es ruhig sagen, sehr gut. Meine Wunde ist schon ausgeheilt. Schmerzen habe ich nicht mehr. Nun möchte ich Euch berichten, wie ich dazu gekommen bin:
Am 7.10. machte unsere Kompanie einen Angriff. Der erste Zug, in dem ich ja bin, lag zunächst in Reserve. Rechts neben uns lag die erste -, und links neben uns die 3. Kompanie. Die linke natürliche Grenze zwischen unserer Kompanie, also der 2. und der 3. Komp. war ein Eisenbahndamm. Auf einmal sahen wir zu unserem größten Erstaunen, daß der Russe auf einer Chaussee,

die vor uns lag, ruhig dahinmarschierte. Er hatte Gespanne mit Artillerie und Pakgeschützen bei sich. Uns war nur ein 3,7 cm Pakgeschütz und ein leichter Panzer zugeteilt. Unser Pakgeschütz erhielt den Auftrag, die marschierenden Kolonnen unter Feuer zu nehmen. Es saß auch fast jeder Schuß, denn die Entfernung war ca. 400 meter. Der Russe machte daraufhin gleich einen Gegenangriff. Zahlenmäßig war er uns um ein Vielfaches überlegen. Wir bekamen von vorne starkes Maschinengewehrfeuer, da der Russe einen schweren Panzer in Stellung gebracht hat. Anscheinend lagen dort auch noch mehrere Panzer. Die 1. + 3. Komp. zogen sich daraufhin rechts und links von uns zurück. Unser Komp.Chef gab aber uns vorerst nicht den Befehl, da er hoffte noch auf eine günstige Lösung auf unsere Seite. Die Russen stießen aber rechts und links von uns unseren zurückgehenden Truppen vor, und wir bekamen von vorne, rechts und links sehr starkes Feuer. Der 1. Zug wurde links herausgezogen und mußte den Bahndamm decken. Als unser Komp.Führer einsah, daß es sehr brenzlich wurde, gab er den Befehl zum zurückgehen. Die ganze Komp. zog sich also zurück. Hierbei bekam ich einen Prellschuß am linken Schienenbein. Zuerst hatte ich viel Schmerzen, aber sie ließen nach ärztl. Behandlung wesentlich nach. Jetzt ist die Wunde, die nicht allzu groß ist, schon zugeheilt. Ich kann auch schon wieder tadellos gehen. Ja meine lieben Eltern, der 7.10. war für alle große Schei... Von den Verlusten will ich gar nicht schreiben. Also, meine lieben Eltern, mir geht es gut. Seid nun für heute vielmals gegrüßt + geküßt von

Eurem Edgar

Beim Ausbruch des Krieges unterstand Walter Neuser dem Kommando des Artillerie-Regiments 59, das für seine gesamte Militärzeit seine einzige Einheit bleiben sollte. Neuser nahm an den Feldzügen gegen Frankreich und die Sowjetunion teil. Und auch in seinem Brief wird deutlich, dass es trotz aller militärischen Erfolge für die Wehrmacht immer schwieriger wurde, weitere Fortschritte zu machen, weil sich angesichts der frostigen Temperaturen zunehmend auch die unzureichende Ausrüstung der Soldaten bei der Bekleidung bemerkbar machte. Am 15.10.1941 schreibt er seinen Eltern:

Liebe Eltern!

Fünfzehn Tage Einsatz sind vergangen. Was das bedeutet bei dieser Kälte kann man sich ja vorstellen. Da wir Winterbekleidung nicht empfangen haben, hilft sich jeder Soldat auf seine Art. So hat man sich Stoff und Pelz besorgt, oder den Gefangenen Handschuhe abgenommen. Wer das noch nicht getan hat, muß mit erfrorenen Knochen rechnen. Am 6. d. Mts. stellte sich der erste Schnee ein. Seitdem bedeutet das nichts Neues mehr für uns. Ich habe mir auch ein paar Einlegesohlen besorgt, denn trotz der zwei Paar Strümpfe kann ich keine warmen Füße bekommen. Ich nehme mich in Acht, soweit dieses möglich ist. Seit gestern belästigen mich Zahnschmerzen. Das ist natürlich weniger angenehm, aber man muß es nehmen wie es kommt und damit fertig werden. Am 1.X. wurde der letzte Brief aus dem damaligen dreiwöchentlichen Quartier abgesandt. Im Morgengrauen des 2.X. begann der Angriff, der wieder mit ungeheurer Wucht der schweren Waffen erfolgreich eingeleitet wurde. Die untadligen Arbeiten der Russen erregten auch hier wieder Erstaunen und Bewunderung. Der Russe ist ein Meister im Bau von Feldstellungen und Tarnen und macht es uns nicht leicht, einen Erfolg an den Anderen zu reihen. In Scharen kommen sie am ersten Tage an. Tagtäglich dasselbe Bild und trotzdem immernoch Widerstand. Die Wälder sind noch voller Russen, so daß ein unfreiwilliges Zurückbleiben größtenteils den Tod bedeutet. Tagtäglich laufen Meldungen ein von Überfällen. Überall liegen Sicherungstrupps, so daß allmählich Leuchtkugeln überall in der Runde steigen und verlöschen. Am 2.X. frühmorgens wurde uns der Aufruf des Führers vorgelesen. Vom 2.-4. hatten wir wunderschönes Wetter. Bei einer Wiederaufnahme von Kampfhandlungen ist das Wetter von besonderer Bedeutung. Am 3. frühmorgens 5 Uhr ging es über die Desna. Wenn wir als Verteidiger in diesen Feldstellungen gesessen hätten, ich glaube es hätte uns keiner da herausbekommen. Aber gegen uns kommt ja doch keiner an. Stukas ist ja der Inbegriff des Allerschrecklichstens. Wir wußten durch Belehrungen und Erzählungen, daß der Gegner das Gelände ungeheuer vermint hatte. So blieb jeder hübsch artig in der Wagenspur von morgens bis abends, da alles Andere den Tod bringen konnte. Holzminen ist ein tolles Kampfmittel, da es durch Fehlen von Metall so quasi unauffindbar ist. Da nutzen selbst die Instrumente wenig. Wir haben die verheerenden Folgen sehen können. Ich danke für ein solches Erlebnis. Am 3. nachmittags mußte ich als Einweiser nach vorn und landete in Chorowia auf der Div. Dort traf ich Köppen, einen Stubenkameraden aus dem RAD-Lager Bernau v. 1937, der jetzt dort als Meldefahrer fungiert. In Begleitung des Generals ist auch immer Dorles Mann zu sehen. Ich glaube, der macht seinen Weg. Mein Pferd hatte ich in eine Scheune gestellt. Köppen nahm mich mit zu einem Auto, und dann hörten wir die Rede des Führers, während die Einheit noch auf dem Marsch war. Das war natürlich was, als ich zur Truppe kam und erzählte, daß und was der Führer gesprochen hätte. Von abends 20 bis frühmorgens 04 Uhr des 3./4.X. haben wir auf einem Feldweg gestanden. Es war lausig kalt. Dann ging es wieder vorwärts. War der Widerstand zu groß und gefährlich, wurden Stukas herangeholt. Ich habe das am 5. nachmittags erlebt, als ich wieder als Einweiser vorn bei der Spitze war. Der Vormarsch ging auf unserem Weg ruhig vonstatten. Der Aufklärer zog seine Kreise. Vor uns wirkten die Stukas. Plötzlich violette Leuchtku-

gel – Panzergefahr. Sofort wurden alle nur erdenklichen Maßnahmen getroffen. Zu 4 Mann ging es dann im Galopp über die Höhe um Umschau zu halten. Da kamen aber schon die Stukas. 54 Stück habe ich gezählt. Auf annähernd 1000 m luden sie ihre Last in sich immerwiederholenden Sturzflügen ab; es war ein schaurig-schöner Anblick. Sah das aus, als wir durch dieses Trümmerfeld hindurchfuhren.
Es gibt keine Beschreibung dafür. Die Wege sind katastrophal. Etwas Gutes hat ja der Frost auch für sich, die Matschwege werden hart. Außerdem treibt Hunger und Kälte die Russen aus den Wäldern. Am 7. marschierten wir einige km auf der Rollbahn und sahen danach aus wie mit Zimt gepudert. Der Lehmstaub macht furchtbare Arbeit. Da habe ich mir auch eine Kirche angesehen, in der die Russen eine Werkstatt eingerichtet hatten. Verheerend sah das aus. Am 8. rief uns der General zu, daß der Kessel geschlossen sei und 300 Tsd. Mann sich darin befänden. Tagtäglich sehen wir sie nun in unzähligen Scharen an uns vorüberziehen. Die Nacht v. 8.-9. verbrachten wir wieder im Busch. Es war nicht schön. Am 9. wurden die Wege dermaßen schlecht, daß ich mit 3 Wagen zurückblieb. Nach 4 Stunden vergeblicher Mühe lud ich die Munition ab und fuhr ins nächste Dorf zurück mit den 3 Wagen, da das Risiko zu groß war, in dem Wald zu übernachten. Am 10. frühmorgens wollte ich zur alten Stelle; da waren Russen da. Gegen 14 Uhr hatte die Infanterie das Stück gesäubert, so daß ich dann erst wieder die Fahrzeuge beladen konnte. Nun erst mal die Truppe wieder suchen. Gegen 23 Uhr hatte ich sie dann wieder erreicht. Dort erfuhr ich dann, daß man mein Reitpferd erschossen hatte. Ich habe mich nun nach einem Neuen umgesehen und nach mehrmaligen Wechsel einen noch nicht ganz Vierjähriges gefunden. Pferde laufen in Massen herum, aber es sind nur Panjes, kleine struppige Pferdchen und verbrauchte Pferde von uns. Die Nacht v. 10.-11. erlebten wir in der Wiese. Es war sündhaft kalt. Am Vormittag des 11. schossen wir in direktem Schuß in den Wald. Da konnte man sie aber kommen sehen. Gegen Abend wurden

neue Stellungen bezogen. Wir konnten in dieses Dorf ziehen, in dem ich auch heute diesen Brief schreibe. Zuerst sah man keine Bevölkerung, aber so nach und nach kamen sie aus ihren Bunkern hervor. Sie hatten eine mächtige Angst, daß wir ihnen die Häuser anzünden würden. Nur Frauen und Kinder. Ihr müßtet mal einen Einblick bekommen in so einen Haushalt. Es ist unter aller Kanone. Das halbe Dorf steht nur noch. Das verschlimmert unsere und der Bevölkerung Lage natürlich sehr. Wir liegen tagtäglich bis zu 35-40 Mann in einem Raum, der etwa so groß ist wie mein Schlafzimmer. Es geht, weil es gehen muß. Die Kälte treibt einen Jeden unter Dach. Heute früh haben wir einen netten Fang gemacht, einen Unterarzt und einen Kommissar, die wir natürlich sofort abgegeben haben. (...)
Wir sind ja andauernd unterwegs, wenn nicht bei einbrechender Dunkelheit, dann bei Tagesgrauen. Gestern wollte es nichts werden. Heute habe ich nun auch das geschafft, Euch einen kleinen Überblick über die vergangenen Tage zu geben. Was aus Schuppan geworden ist, weiß ich nicht. Ich sah ihn am 3.X. zum letzten Mal. Er war als LKW-Fahrer bei der Vorausabt. eingeteilt. Am 5.X. sahen wir ihre Trümmerstätte. Sie waren von Russen überfallen worden. Es war ganz furchtbar. Da wir auf dem Durchmarsch waren, die Erkundigung natürlich schwer war, kann ich deshalb nichts Genaues darüber sagen. Den Anblick vergißt man nicht. In der Nacht v. 12.-13.X. ist unser Gefechtsstand angegriffen worden. Uffz. Pfeifer war gerade dort, hat sich bei der Verteidigung hervorgetan und ist noch in der Nacht vom Komdeur zum Wachtmstr. gemacht worden. Gefallen sind dabei Obltn. Mielke, Lt. Eggers, 2 Fernspr. und 2 Kraftfahrer. Ein weiterer Teil ist verwundet worden. Überall stecken noch Russen, aber die Infanterie säubert Tag und Nacht. – Ich möchte für heute schließen und hoffen, daß Euch dieser Brief bald erreicht. 4 Wochen werden ja doch darüber weggehen. Herzliche Grüße und alles Gute von

Eurem Walter.

Edgar Steuerwald schreibt einige Tage später, am 16.10.1941, an seine Eltern über seine Genesungsfortschritte:

Meine lieben Eltern!

(...)
Nun meine lieben Eltern, die Briefnummer im letzten Briefe sollte die Anzahl der Toten, die wir im Gefecht am 7.10. hatten, darstellen [54]. Eine stattliche Anzahl, nicht wahr? Es ist schade um diese Jungen. Viele von ihnen waren nur verwundet und wurden von den Russen hingemordet. Wir haben aber eine gründliche Revanche genommen. Bei einem darauffolgenden Angriff mit schweren Panzern haben wir fast gar keine Gefangenen gemacht, alles wurde kalt, brutal und rücksichtslos abgeknallt. Mit Munition haben wir nicht gespart. Jeder Schuß war ein Treffer. Die Russen sollen sehen, was sie von ihrem Hinmorden haben werden.
nun seid vielmals gegrüßt + geküßt von

Eurem Edgar

Es war ein harter Kampf, ein unerbittlicher Kampf. Mann gegen Mann. Und vor allem auch gegen die widrige Natur. „General Winter" machte Freund und Feind gleichermaßen zu schaffen. Klaus K. schreibt am 17.10.1941 seinen Eltern:

Liebe Eltern.

(...) Der Schnee wird wohl hier nicht mehr weggehen. Die Straßen sind bald für Fahrzeuge nicht mehr passierbar. Von uns sind, nach einer Woche, so lange wie wir hir schon liegen, noch nicht alle Fahrzeuge der Batterie eingetroffen. Wenn es nicht geländegängige Wagen sind die anderen kommen da gar nicht mehr durch. Wir haben ein par erbeutete russische Wagen. Die sind bei den Straßen garnicht mehr zu gebrauchen. Der Russe hat hir auch 300 Wagen und 2 52 Tonnen Panzer stehen lassen. Die waren alle im Gelände versackt. Also der kommt bei diesem Wetter auch nicht mehr weiter. Also was O. Hugo sagte.
10 Jahre usw. damit ist nichts. Und seine Intelligenz, die Eliteregimenter sind schon in den ersten Monaten vernichtet worden. Wenn man hier überhaupt von Intelligenz sprechen kann. Bei den Gefangenen sieht man jetzt schon immer 15-17jährige Jungen und Frauen. Also soweit kann es also mit dem Russen nicht her sein. Die kämpfen nur immer noch weil man ihnen erzählt hat, die Deutschen machen keine Gefangenen, dann werden sie von ihren Kommißaren mit der Pistole zum Angriff getrieben. Bei einem Einsatz lag zwischen uns und den Russen ein Fluß, da wurden sie mit M.G. durch den Fluß zum Angriff gejagt.
30 - 40 kamen nur rüber und 200 ertranken. Also auch das ist erledigt. Ich glaube daß können wir hier am besten beurteilen. Das erzählen nur immer die, die noch nie eine Kugel pfeifen gehört haben. Unsere Verluste sind ja auch im Gegensatz zum Russen sehr gering. Wenn man überlegt wiefiel tausend Flugzeuge + Tanks vernichtet worden sind. Man kann bestimmt dem Führer danken das er dem Russen zuvorgekommen ist. Ich glaube, dann wären wir alle verloren gewesen. Und die hätten bestimmt alles niedergemetzelt. (...)

Als am 10. Oktober die Moskauer Bevölkerung zum ersten Male offiziell über die Bedrohung durch die Deutschen informiert wurde, kam es in der Stadt zu einer Massenpanik, bei der die Menschen versuchten, auf jede erdenkliche Art und Weise nach Osten zu entkommen. Stalin ließ diese Massenflucht jedoch durch die Rote Armee und den NKWD brutal verhindern. Viele Moskauer starben in diesen Tagen, in denen Stalin beschloss, bis zuletzt in der russischen Hauptstadt zu bleiben. Am 16. Oktober wurden das Politbüro, alle Regierungsstellen und nahezu sämtliche Diplomaten evakuiert. Rund eine Million Moskauer verließen die bedrohte Hauptstadt.

Doch schon im selben Monat begann es zu schneien und zu regnen. Straßen und Wege wurden aufgeweicht und somit für Fahrzeuge schwer passierbar. Die deutsche Offensive blieb buchstäblich im Schlamm stecken, während um Moskau herum 100.000 neue russische Soldaten in Stellung gingen und 500.000 Zivilisten Panzer- und Schützengräben aushoben. Der Kampf wurde immer erbitterter – an der Front, aber auch im Hinterland. Am 18.10.1941 schreibt Hans Albring an seinen Schulfreund Eugen:

Lieber Eugen

(...) Hier ist es augenblicklich nicht geheuer. 22 ermordete Kameraden an einem Tage – geht Dir nicht eine Stalllaterne auf, wie wenig sicher wir uns wähnen dürfen. Gestern, am helllichten Tage pfiffen mir 2 Kugeln um den Kopf. Ich ahnte erst Schlimmes, als ein ganzer Haufen daraufhin zur Suche eingesetzt wurde. Nachts schlafen wir mit der entsicherten Braut in unmittelbarer Nähe. Am Galgen baumeln wiederum neue Partisanen. Post gab es seit bald 4 Wochen nicht, aber morgen soll wieder Gottesdienst sein. Sonst an Neuigkeiten nichts. Also passable Grüße, wenig Schnee und Kälte, hier ist Winter.

Dein Hans

Kurt Miethke, dessen letzter Dienstgrad Obergefreiter war, diente beim Landesschützen-Bataillon 3 bzw. 303 als Wachmann für sowjetische Kriegsgefangene. Dabei wurde er in Deutschland, der Ukraine und Rumänien stationiert. Ab dem 19. Juli 1941 wurde das Bataillon dabei dem Wehrmachtsbefehlshaber Ukraine unterstellt. Zu diesem Zeitpunkt war es in Wladimir-Wolynsk stationiert. Später wurde das Bataillon im Raum Kriwoi Rog eingesetzt. Aus Luck in der nordwestlichen Ukraine schreibt Kurt Miethke an seine Frau und sein Brief stellt in gewisser Weise etwas Besonderes dar.

Denn die deutsche Wehrmacht hatte Ende Juni 1941 – kurz nach Beginn des Deutsch-Sowjetischen Krieges – Luck eingenommen. In der dortigen Burg fanden die Deutschen dabei zahllose Opfer eines Massakers des sowjetischen Geheimdienstes NKWD vor. Daraufhin kam es zu einem ersten, von den Deutschen mitinitiierten Pogrom ukrainischer Nationalisten gegen die jüdischen Einwohner von Luck. Am 2. Juli 1941 erschoss das Sonderkommando 4a der Einsatzgruppe C unter Führung von Paul Blobel 1.160 männliche Juden zwischen 16 und 60 Jahren. Die verbliebenen jüdischen Bewohner der Stadt wurden in ein Ghetto umgesiedelt und später beim in der Nähe der Stadt gelegenen Polankahügel ermordet.

In seinem Brief schildert Miethke am 24.10.1941 die Zustände in der Stadt fast eher beiläufig. Was wusste er von den Vorgängen? Billigte er sie?

Feldpostbriefe schreibende und lesende Wehrmachtssoldaten vor dem Feldpostamt 900

Meine liebe Gute!

(...) Habe heute wieder Wache und habe einen Posten wo viele Gräber sind es liegen so 2000 drin. Das wäre was für Dich. Da würdest Du keine 10 Minuten bleiben. Aber uns kann das nicht mehr erschüttern man gewöhnt sich daran. Uns stört nur der Regen und die Kälte. Hast Du noch Winterkartoffeln bekommen und wie ist es mit den Kohlen geworden, wieviel hast Du bewilligt bekommen? Schreibe mir dann mal darüber. (...)
Waren die Flieger mal wieder da? Bei uns läßt sich keiner sehen. Oft denke ich an Dich wenn ich so Nachts auf Posten stehe und Du schon in Dein warmes Bettchen liegst. Na vielleicht dauert es nicht mehr allzu lange bis wir wieder zusammen sein können Ich denke im späten Frühjahr ist der Krieg zu Ende. Denn die Russen machen höchstens noch 4-5 Wochen, dann ist das mit ihnen aus. Du wirst sagen, der hat Humor, ja den darf man hier nicht verlieren, und auch die Hoffnung nicht.
(...)
Nun laß es Dir recht gut gehen und sei recht herzlich gegrüßt und geküßt

von Deinem Kurt

Über die „Ströme von Blut", vor allem „der Juden", berichtet auch Fritz Pabst, den wir zu Beginn dieses Kapitels als Pionier kennengelernt haben. In einem Brief an seine Ehefrau Hildegard schreibt er am 26.10.1941:

Meine Lieben!

Nach langer Zeit haben wir gestern Abend wieder Post bekommen. Ich bekam gleich vier Briefe von Dir, mein liebes Mottchen, sie sind vom 7.-9., 1. 3. und 6.10. Also habe recht vielen Dank dafür, daß ich mich sehr darüber gefreut habe, kannst Du Dir wohl denken und gleich macht das Leben wieder mehr Spaß. Du erzählst da in den ersten Briefen noch von Erntearbeiten aber die sind wohl nun längst vorbei. Ich freue mich, daß alles gut geklappt hat und Ihr einigermaßen gut abgeschnitten habt. Nun füttert die Schweine gut, damit Ihr auch recht viel in die Speisekammer bekommt, ob ich wohl zum Schlachten dabei bin? (...)
Hier regnet es ununterbrochen, Gottseidank daß wir nicht raus brauchen, wir warten immer noch auf den Marschbefehl. Gestern waren wir zum erstenmal im Kino. „Immer nur Du" wurde gespielt, aber die Hauptsache war für uns die Wochenschau auch von Kiew, welches wir ja inzwischen kennengelernt haben, wurde allerhand gezeigt. – Das Zentrum ist ja nach der Einnahme durch Sabotage, Explosionen und Brand zerstört worden und wer weiß, was in nächster Zeit noch hochgeht. (...)
Nun wird es ja Winter und da kannst Du, meine Liebe, öfters mal ins Kino gehen, dann hast Du etwas Abwechslung und siehst auch was im Osten los ist, natürlich seht Ihr noch lange nicht alles und könnt nicht ahnen, in welchen Mengen Blut hier gefloßen ist, d.h. natürlich von Seiten der Bolschewiken und hauptsächlich der Juden, die gibt es ja hier wo Deutsche sind, nicht mehr. Aber vom Kampf selbst haben wir hier nichts gesehen und werden wohl auch nicht mehr zur Front kommen, denn in nächster Zeit wird wohl auch hier der Krieg zu ende sein. Dann werden wir hoffentlich auch unseren längst verdienten Urlaub bekommen. (...)
Seit vielm. herzlich geküßt u. gegrüßt von mir. Auf Wiedersehen!

Dein Fritz

Eine der eindringlichsten Schilderungen der dunklen Seite des „Vernichtungskrieges im Osten“, wie heutige Historiker den Russlandfeldzug nennen, hinterließ uns der schon bekannte Hans Albring am 28.10.1941 mit seinem Brief an seinen Freund und Soldatenkameraden Eugen. Man kann nur ahnen, was der Briefautor mit diesen Zeilen andeuten will:

Rußland, 28. Oktober 1941

Lieber Eugen

(...) Von Bedeutung hat sich nichts hier schon seit langem ereignet. Diese späten Herbsttage haben es eilig mit dem bißchen Helligkeit oder gar Sonne. Gegen 5 Uhr zündet man bereits die Petroleumlampe an. Kaffee und Abendbrot werden zusammengelegt verzehrt. (...)
Ich will nicht nur mit Worten dankbar sein, wenn uns dieses Menschen und Leben fressende Ungeheuer Rußland noch einmal mit heilen Knochen und gesundem Kopf entläßt. Der Anblick bestialisch verstümmelter Leichen, die denselben Rock tragen wie Du, schneidet sich in die ganze Vorstellungswelt ein, die Dich hier umgibt. – Aber auch die starren Gesichter der Erhängten. Das in die Grubestürzen der Erschossenen – Bilder dunkler als das dunkelste des Goya – ach, Eugen, das vergißt man nie, wenn's man auch möchte. Und neben dem, was es gewiß gibt, nimmt es Dir auch von unserer Unbekümmertheit und dem anderen viel und gibt uns etwas von der gehetzten Kreatur, von erbärmlich armen Menschen überhaupt. Es sind irgendwie alles Selbstbildnisse, die hier am Wege liegen und so ihr Leben ließen oder es noch tragen, wie man sich auch selbst

worfenen Gebiete und in vielem anderen. So möchte ich sagen, daß heute der Idealzustand erreicht ist, den Bismarck 1866 sich unter harten Kämpfen errungen hat und auf den er 1870 verzichten mußte.
Noch eine zweite sehr wertvolle Bemerkung fand ich bei Bismarck: Als er von der Notwendigkeit einer Annexion Hannovers spricht, betont er, daß ein Staatsmann eine große Verantwortlichkeit auf sich nimmt, wenn er Gelegenheiten ungenutzt vorübergehen läßt, die einen Gefahrenherd ein für alle mal beseitigen könnten. Das geschah, als das Bindeglied zwischen West und Ost in Preußen einverleibt wurde durch die Erwerbung Hannovers. Sobald nach einem Krieg die staatlichen Verhältnisse sich erst einmal konsolidiert haben, kann solche Gelegenheit u.U. für alle Zeiten verpaßt sein. Solch eine Gelegenheit war gegeben nach der Niederwerfung Polens 1939. Wir haben sie recht genutzt und für dauernd die Hand auf Polen gelegt. Eine noch ungleich größere Gelegenheit ergibt sich heute im weiten Osten. Daß wir auch diese Gelegenheit uns zunutze machen werden, zeigt die Einverleibung Galiziens.
Ich hoffe, daß wir uns nicht scheuen werden, ganz Ostpolen und die baltischen Länder in irgend einer Form in den Verband des Reiches einzufügen. Jetzt sind die Verhältnisse im Osten einmal im Fluß. Sobald sich hier erst nationale Staaten, etwa Ukraine, Weißrußland, Rußland und Georgien gebildet haben, wird es schwierig sein, da noch eine Korrektur zu unseren Gunsten und deren Nachteil vorzunehmen. Du magst Dich vielleicht wundern, liebe Frau, daß ich jetzt so starken Anteil an diesen Fragen nehme. Du wirst auch gewiß einen Umschwung und einen Gegensatz zu meinen ersten Briefen aus diesem Feldzug feststellen können.
Das ist gewiß der Fall. Doch damals ahnte ich noch nicht, welch' eine Mißwirtschaft die Sowjets gebracht hatten. Außerdem sah ich in diesem Feldzug eher ein Verhängnis als eine verheißungsvolle Möglichkeit zu großen neuen Aufgaben. Wenn man soviel Zeit hat wie ich als V.O., da macht man sich natür-

lich viele Gedanken über den Sinn dieses Feldzuges und die Aussichten, die seine Opfer vielleicht rechtfertigen. Die einzige Landkarte, die ich besitze, zeigt den osteuropäischen Raum vom Gouvernement bis zum Ural. Da versinkt Mitteleuropa ein wenig in unserem Denken und täglich taucht bei mir die Frage auf, wie weit wir noch marschieren müssen und was wir aus diesem endlosen Raum machen werden. Mariupol liegt am Ostausgang der Ukraine - es liegt aber auch auf halbem Wege bis Baku. Ich kann mir ja kaum vorstellen, daß wir noch vor dem Winter den Kaukasus erreichen werden. Dafür sind die Wegeverhältnisse zu schlecht. Wir liegen ja jetzt schon über 200 km von der nächsten Eisenbahnstation entfernt, die für unseren Nachschub an Munition und Sprit so sehr wichtig ist. Von Dnjepropetrowsk bis hierher ist doch ein weiter Weg auf den grundlosen Straßen. Zudem sind die Nächte immer länger, und bei Nacht zu fahren, ist ein Selbstmordunternehmen. Nun denke ich, daß morgen Adele auf Reisen geht. Vielleicht können wir dann in 6-8 Tagen den Sprung nach R. unternehmen. Zur Zeit ist allerdings der Russe recht lebhaft mit seiner Lufttätigkeit. Er merkt doch wohl, daß es ihm hier an die Gurgel gehen soll. Rostow ist die einzige Verbindung zwischen Rußland und dem Kaukasus. Daher hat es für uns wie für die Russen eine ganz besondere Bedeutung. Übrigens bin ich jetzt wieder aus der gedrückten Stimmung heraus, in der ich mich vor einigen Tagen befand. Sie hatte ihre Ursache in der erzwungenen Ruhe. Da sah man den Winter immer näher kommen und war doch zur Untätigkeit verdammt. (...)

Du kannst es Dir ja gar nicht vorstellen, welch nachteiligen Einfluß ein einziger Regenschauer hat. Es gibt ja keine festen Straßen im europäischen Sinne hier. Da kommt alles ganz auf die Witterung an. Bisher haben wir ja ganz leidlich gutes Wetter gehabt. Und trotzdem! – Die Straßen waren teilweise sehr schlecht und schlechter!

So, mein Lieb, ich bin am Ende! An diesen nahezu 8 Seiten hast Du ja auch erstmal ein Weilchen zu lesen.

Sie werden sicherlich für einige Zeit die neueste und letzte Post für Dich sein. Wie Du ja gehört hast, sind die Straßen sehr schlecht. Da vergeht also wohl schon eine kleine Ewigkeit, bis die Feldpost glücklich bis Dnjepropetrowsk gelangt ist. Und von da ab dauert es auch recht lange. Bisher habe ich sie entweder bei der Luftwaffe abgegeben oder beim Chef des Stabes, mit dessen Dienstpost sie zur Heeresgruppe und von dort nach Deutschland ging. Aber dieser letzte Weg ist seit einiger Zeit verboten, ganz abgesehen davon, daß bei dem häufigen Nebel und dem für einen Storch ungünstigen Wetter die Kurierflüge zur Heeres-Gruppe immer seltener geworden sind. Die Luftwaffe gab sie wohl einer JU 52 mit.

Aber ich glaube, auch dieser Weg war nicht immer glücklich, da die JU selten geflogen ist. So mag wohl oftmals die Post dort festgelegen haben, wenn sie nicht doch einfach mit der Feldpost abgewandert ist. Mir persönlich geht es gut. Wenn ich schon klagen wollte, das wäre ja auch ein Unrecht! Trotzdem würde ich natürlich gern diesem Lande den Rücken kehren, wenn ich es könnte! Es ist ja immerhin möglich, daß unsere Division nach Erreichung eines bestimmten Abschnitts nach Deutschland verladen wird. Doch zunächst muß dann erstmal die Eisenbahn wieder hergestellt sein.

So muß man also Geduld haben und abwarten. Daß die Paketsperre aufgehoben ist, habe ich wohl zur Genüge geschrieben? Nun leb wohl, mein Lieb! Ich grüße Dich von ganzem Herzen. Daß ich Dich herzlich lieb habe und so gern bei Dir wäre, weißt Du! Recht innigen Gruß!

Dein Heinz

Auch der uns bereits bekannte Jakob Geimer schreibt am 30.10.1941 noch siegesgewiss und hoffnungsvoll an seine Frau:

Meine Lieben!

die besten Grüße sendet Euch Jule. (...) Mit Kiew ist ja beendet, Jakob, sowas hättet Ihr unbedingt mal sehen müssen, ist aber auch besser so, mancher hätte den Abscheu gegriegt. Der Russe der ehrlich und fair kämpft, wird als Gegner geachtet, mit den andern na da kennen wir nur ein Wort: „umlegen". Da mach Dir mal keine Sorgen drum, momentan sind wir nur am marschieren, kommts aber wieder zum Einsatz, machen wir unsere Arbeit schon gut. Obs nun noch soweit kommt, ist bei diesem Sauwetter fraglich. Scharkow ist ja auch gefallen, wir sind in der Nähe davon. Wenn das Marschieren bald aufhört, so an die 3000 km haben wir schon hinter uns gelassen, und immer geht es noch weiter. Kannst ja mal auf einer Karte nachschauen. Dann diese fürchterlichen Straßen, nichts wie zäher Schlamm und Dreck, man kommt fast kaum fort. Deshalb dauert es auch solange mit der Post. Die Fuhrwerke bleiben stecken, Autos und nichts kommt vor, oder nur sehr mühsam, und Mensch und Tier sind den größten Strapazen ausgesetzt. Trotz allem, das Ziel wird doch erreicht, wenn die Verpflegung auch nur langsam nach kommt. Ist halt nun einmal so, und jeder muß sich damit abfinden. Jeh schneller der Krieg aus desto besser. Wir werden wohl im Süden bleiben, Petersburg Moskau u. so weiter wird jetzt hoffentlich auch bald fallen. Jetzt das Kapitel Urlaub. Was Sie noch mit uns vorhaben, bleiben wir hier und Rußland und beziehen Winterquartiere, oder stecken Sie uns sonstwo noch hin weiß ja keiner. Haben wir mal einen festen Sitz, denk ich,

daß es auch bald Urlaub gibt, so fern die Schwierigkeiten nicht so groß sind, dann hoffentlich zu Weihnachten.
Das schönste Fest des Jahres möchte ich zu gerne zu Hause verbringen. Wenn nicht muß man sich halt trösten, wie so viele andere auch.
Wenns erst mal heißt, Reserve hat Ruh, dann gibt einer gemacht, daß sich die Häuser biegen.
Ich will nun schließen.
In der Hoffnung auf ein baldiges Kriegsende und frohes Wiedersehen in der Heimat, grüßt Euch in alter Frische

euer Jule

Haltet Euch munter, und viele Grüße an alle Lieben

Aber zu diesem Zeitpunkt ist der Vormarsch der deutschen Wehrmacht und seiner Verbündeten bereits vollends zum Stehen gekommen. Der russische Winter war hereingebrochen und immer mehr Soldaten ahnten, dass – obwohl der Weihnachtsurlaub immer noch das bestimmende Thema unter den Soldaten war – es nun wohl doch so schnell nicht nach Hause gehen würde. Einer davon war Walter Neuser. Er schreibt am 30.10.1941 an seine Eltern:

Liebe Eltern!

(...) Seit den Vormittagsstunden liegt meine alte Einheit im Dreck fest. Heute gegen Abend sind auch Gespanne von uns dorthin abgestellt worden, damit sie nicht die Nacht draußen verbringen müßen. Sollte es doch so kommen, dann ist wenigstens alles versucht worden. Es stürmt wieder mächtig draußen. Eine Gegend mit Schwierigkeiten ist das, einfach toll. Jetzt kann man wirklich sagen, man wäre froh, wenn es Frost gäbe. Dann hörte doch wenigstens der Dreck auf. Die Stiefel sind kaum trocken zu bekommen. Mit dem üblichen Tagesdienst, zu dem seit kurzem auch die Entlausungsstunde gehört, haben wir den Tag herumgebracht. Ich habe heute nachmittag meine Stiefel vom Schuster geholt. (...)
Bei uns hier stehen jeden Abend bestimmt 20 Mann auf Wache. Jeden Tag ist was los. Man sollte meinen, die Wälder sind leer. Aber da treiben sich immer noch so einige herum, die Lust verspüren, Bandenkrieg zu führen. Am hellen Vormittag knallt es. Was gefaßt wird, entgeht bestimmt nicht der gerechten Strafe. Es ist Krieg, aber diese verrohten Burschen kommen bei uns bestimmt an die richtige Adresse. (...)
Wir denken an den Winter. Er wird uns noch manche Überraschung bringen. Aber im Weltkrieg hat der Soldat 3 Winter in Rußland überstanden, so daß wir es wohl auch einen Winter schaffen werden. (...)

Das Menetekel Rostow am Don

Der November `41 war eine dunkle Zeit. Ganz besonders im Norden Russlands. Dort war der Frontverlauf zum Stillstand gekommen. Die Finnen und die deutschen Streitkräfte hatten zwar Leningrad eingeschlossen und der Zusammenschluss mit den finnischen Streitkräften war am Ladogasee gelungen. Aber die für den russischen Nachschub viel wichtigere Hafenstadt Murmansk mit ihrer Eisenbahnlinie, die in das russische Hinterland führte, konnte bereits nicht mehr eingenommen werden.

Die meiste Bewegung gab es bei der Heeresgruppe Süd auf der Krim. Sie nahm den größten Teil der Halbinsel ein und besetzte die Mittel- und Ostukraine mit Charkow und dem Durchbruch bei Kertsch (28.10.-16.11.1941) sowie den Einschließungskämpfen um Sewastopol (17.11.-16.12.1941). Aber schon bei der Einnahme Rostows am Don am 21. November zeigte sich, dass auch die Heeresgruppe Süd nicht mehr in der Lage war, einem entschieden kämpfenden Gegner zu begegnen. Wenige Tage nach der Einnahme der Stadt wurden die Deutschen bereits wieder aus der Stadt herausgedrängt. Alle Hoffnungen auf die Einnahme der wichtigen Ölquellen im Kaukasus waren damit zerstört. Schlimmer noch: Neben der Heeresgruppe Nord, die überall in schweren Abwehrkämpfen stand, befand sich nun auch die Heeresgruppe Süd am Ende des Monats auf dem Rückzug.

Umso mehr richteten sich alle Augen auf die Heeresgruppe Mitte und den Kampf um Moskau. Zwar konnte sie am 26. November 1941 – bei Temperaturen von minus 35 Grad – noch die Stadt Istra gut 30 Kilometer vor Moskau einnehmen und stand am 30. November nur noch 18 Kilometer von Moskau entfernt. Doch weiter sollte sie nicht kommen. Immer größer wurden die Verluste an Menschen und Material. Der Verschleiß der Waffen, fehlender Nachschub und vor allem die Erschöpfung der Truppen waren groß. Zwar gelangen noch beeindruckende Erfolge um Orel und die Einnahme von Kursk am 3. November und Solnetschnogorsk (17.11.-4.12.1941).

Doch mehr und mehr wurde deutlich, dass ein schneller Sieg im Osten in diesem Jahr nicht mehr zu erreichen war. Es galt nur noch, optimale Ausgangsstellungen für eine Fortsetzung des Krieges im nächsten Jahr zu erringen. Von einem schnellen Ende des Russlandfeldzuges konnte keine Rede mehr sein – an der Front nicht und auch nicht mehr in der Heimat. In einem Brief an seine Eltern warnt Karl Nünnighoff, Soldat beim Artillerie-

Regiment 16, das der 16. Panzer-Division und damit der Heeresgruppe Süd unterstellt war, am 1.11.1941 denn auch vor übertriebenen Hoffnungen.

Liebe Eltern, Willi und Lene!
(...)

Wie ich sehe gehen daheim Gerüchte um, daß die Truppen aus dem Osten herausgezogen werden sollen. Liebe Eltern, dieses Gerücht läuft hier schon lange herum, aber gemerkt haben wir noch nichts davon. Als wir vor längerer Zeit einmal 14 Tage in Ruhe lagen, sollten wir schon unseren Marsch nach hinten antreten, aber genau daneben, es ging nach vorn, ich persönlich glaube solchen Parolen überhaupt nicht mehr. Viel lieber wäre es mir, wenn der Krämpel ganz am Ende wäre, wenn uns das Wetter nicht immer so aufgehalten hätte und noch aufhält, wären wir auch schon weiter. Wenn es hier einmal eine Stunde regnet, das wirft uns gleich einen ganzen Tag zurück. Ihr könnt Euch das garnicht vorstellen, das muß man alles selbst mit erlebt haben. (...) In der Hoffnung, daß Euch dieser Brief bei bester Gesundheit erreicht, so wie er mich verläßt, grüßt Euch herzlich

Euer Sohn Karl

Ein Feldpostbeamter des Feldpostamts 900 der Deutschen Reichspost und ein Unteroffizier der Wehrmacht beim Lesen einer Feldpostkarte

Fritz Pabst vom Bau-Bataillon 655, das der 6. Armee angehörte, schrieb am 4.11.1941 ebenfalls aus dem Bereich der Heeresgruppe Süd an seine Eltern. Auch hier findet sich wieder ein Hinweis, dass es im Hinterland der bereits besetzten Gebiete immer wieder zu Partisanenaktivitäten und furchtbaren Gräueltaten auf beiden Seiten kam. Fritz Pabst schreibt:

Meine Lieben!

Morgen kommen wir wahrscheinlich nach Poltawa, das liegt ungefähr 400 km ostwärts von hier, wir fahren mit der Bahn. Da werden wohl acht Tage vergehen ehe wir ans Ziel kommen.
–
Hier ist in den letzten Tagen wieder allerhand loß gewesen, verschiedene große Gebäude sind ausgebrannt und manches von den schönen großen Gebäuden wird noch zerstört werden. Es ist alles Sabotage und die Folge davon Erschießungen vieler

hundert Zivilisten. – Onkel Karl könnt Ihr sagen, daß inmitten der Stadt ein großes Trümmerfeld von etwa einem Quadratkilometer ist, das war am 23. Sept. als es zu brennen anfing, ich war gerade hier angekommen, da gab es verschiedene Explosionen und dann hat es 4 Tage lang gebrannt. Fast alle großen Gebäude sind von den Bolschewisten mit Sprengstoff geladen und werden durch Zeitzündung zur Entzündung gebracht. Also das ist der Bolschewismus, Vernichtung und Zerstörungen und nicht zuletzt Mord. – (...)
Grüß bitte alle Verwandten von mir. Dich aber mein Mottchen nehme ich in meine Arme und küsse Dich inniglich.
Gute Nacht u. Träume süß.

Dein Fritz

Immer öfter wird nun nicht mehr nur das schlechter werdende Wetter zum Thema in den Briefen in die Heimat gemacht, sondern auch die unzureichende Ausstattung der Soldaten mit Kleidung und Lebensmitteln. Mehr und mehr mussten sich die Soldaten dabei aufgrund der langen Versorgungs- und Nachschubwege selbst um ihre Verpflegung kümmern – auf Kosten der dortigen Zivilbevölkerung. Klaus Becker vom Artillerie-Regiment 320 berichtet darüber am 5.11.1941 an seine Ehefrau:

Meine liebe Suse!

Seit gestern herrscht hier schönes klares Frostwetter. Die Wege sind hart gefroren. Wir hoffen daher, in nächster Zeit auch fortzukommen. Wir warten nur noch auf die notwendigen Ersatzteile, um unsere Fahrzeuge soweit wieder fahrbereit zu bekommen, um von hier nach Gschatsk zu kommen. Es heißt nämlich, dass wir dorthin kommen, um dort völlig neu instand gesetzt zu werden. Möglicherweise ist das aber wieder mal eine der üblichen Parolen, deren Unrichtigkeit später von den Ereignissen widerlegt wird. (...)
Mit der uns zugeteilten Verpflegung ist es natürlich nach wie vor recht mau, denn bis jetzt konnten die Fahrzeuge ja sehr schlecht durchkommen. Ich selber habe davon wenig gemerkt; denn ich gehe noch immer mal zu den Pionieren, esse dort zum Mittag und decke mich mit anderen Sachen ein. Heute Abend gibt es bei uns z. B. Schmorbraten mit Salzkartoffeln. Fleisch und Fett sind von den Pionieren – alles natürlich unter der Hand – und die Kartoffeln holen wir unserem alten Quartierwirt aus dem Keller. Die russ. Bevölkerung wird hier natürlich nicht viel gefragt, ob sie die Sachen hergeben will.
Wir nehmen sie uns einfach, wenn wir sie nicht freiwillig bekommen. Von Humanitätsduselei wird man langsam frei. Es heißt zunächst, Essen und Trinken und ein warmes Lager für die Soldaten, und dann kommt erst die Zivilbevölkerung. Anders geht das natürlich auch gar nicht, wenn man Krieg führen will. Zuerst fällt einem das etwas schwer, aber man gewöhnt sich daran in eigenem Interesse. – In unserem Quartier schlafen wir mit 6 Mann. Der Raum ist etwa so groß wie unser Wohnzimmer; (...)
Ob wir wohl Weihnachten noch hier sein werden im Osten? Man weiß wirklich nicht, wann man damit beginnen soll, die

Weihnachtspost zu versenden. Wie lange mögen die Briefe von hier aus nur unterwegs sein? Die letzte Nachricht, die ich von Dir hatte, war vom 3.10., liegt also schon über 1 Monat zurück. – Man kann sich hier kaum noch vorstellen, wie das Leben ohne Krieg aussieht. Wir sind jetzt auch so weit, dass man sich sagt, ob noch 1 Jahr oder 2 Jahre oder noch länger, ist schon gleichgültig. Einmal wird der Krieg wohl doch zu Ende gehen.
Mit den herzlichsten Grüßen auch an die Kinder

Dein Klaus

„Einmal wird der Krieg wohl doch zu Ende gehen", schreibt Klaus Becker. Aber um welchen Preis? Dass die deutschen Militärstrategen im fernen Oberkommando, aber auch die Soldaten an der Front, nach den ersten Anfangserfolgen zu optimistisch gewesen waren, hatten viele mittlerweile begriffen. Helmut Nick von der Infanterie-Divisions-Nachrichten-Abteilung 196 (196. Infanterie-Division), im November bei Tula stationiert, schreibt über seine Eindrücke am 6.11.1941 an seine Frau:

Mein liebes Mädel!

(...) Ja, zu Ende ist das hier noch nicht. Der Russe war eben stärker gerüstet, als man vermuten konnte. Ich glaub ja, daß noch einmal eine Großanstrengung kommen wird und dann wird der Russe zu ziemlich hinüber sein. Entschieden ist der Krieg hier, nur eben noch nicht zu Ende. Der Russe kämpft nach anderen Methoden als der Franzose es getan hat. Es ist tatsächlich so, der Russen macht sich nichts aus dem Tod, ist stur. Heute wurden bei uns wieder 20 von den Partisanen umgelegt, nicht einer der vorher zusammengeknickt wäre. Für die ist dieser Tod eben so wie jeder andere natürliche auch.

Und dann ist in den Briefen immer wieder die Furcht vor dem langen, grausamen Winter zu spüren. Die sowjetischen Truppen waren bestens auf den Winter vorbereitet und verfügten über Ski- und Schneeschuheinheiten, die der Infanterie im tief verschneiten Gelände hohe Bewegungsfähigkeit ermöglichten. Während die Rote Armee komplett mit warmer Winterkleidung ausgestattet war, mussten die Soldaten der Wehrmacht frieren. Die meisten Soldaten trugen Hosen aus Drillich, weil die Heimat noch nicht einmal Tuchhosen lieferte. Währenddessen rutschten die Panzer an Hängen ab, weil keine Kettenstollen vorhanden waren. Man musste jetzt sogar offene Feuer unter den Motoren machen, bevor sie sich anwerfen ließen. Die Optiken der Waffen beschlugen und die automatischen Waffen schossen nur noch Einzelschuss. Wie sollte man so kämpfen? Die Zahl der Toten, die im November 1941 den Erfrierungstod starben, war zum Teil höher als die Opferzahlen infolge der Kampfhandlungen. Ein Umstand, der einen Mann wie den Panzergeneral Heinz Guderian, Oberbefehlshaber der 2. Panzerarmee, schier zur Verzweifelung brachte. Er schrieb am 6. November an seine Frau: *„Für die Truppe ist es eine Qual und für die Sache ein großer Jammer, denn der Gegner gewinnt Zeit und wir kommen mit unseren Plänen immer tiefer in den Winter. So bin ich also recht traurig gestimmt... Man muß hoffen und darf den Mut nicht sinken lassen, aber es ist gegenwärtig eine harte Prüfung."* Wenige Tage später, am 13. November, sollte im Kriegstagebuch der 2. Panzerarmee anlässlich einer Besprechung der Generalstabschefs der Heeresgruppen und beteiligten Armeen festgehalten werden: *„Das gesteckte Ziel für die Heeresgruppe Mitte, die Einschließung Moskaus von allen Seiten, wird als kaum mehr durchführbar bezeichnet."*

Elmar Lieb, der als Freiwilliger zu den „Ulmer Pionieren", dem Pionier Bataillon 45, ging, war für den Barbarossa-Feldzug der Panzergruppe Guderian unterstellt. Mit dieser Einheit war er in Weißrussland und Russland eingesetzt. Sechs Wochen nach dem folgenden Brief, den er an seine Eltern schrieb, sollte er am 27.12.1941 in Russland fallen. Am 8.11. ist er – im Gegensatz zu Guderian – noch erstaunlich zuversichtlich:

Meine Lieben!

(...) Ihr macht Euch allenthalben Sorge um den bevorstehenden Winter. Aber unsere Kameraden haben schon im hohen Norden Nordnorwegens u. 1939/40 in den Gräben im Vorfeld des Westwalls überwintert. Und im Weltkrieg gabs 4 Jahre hintereinander nicht nur eine Winterfront.
Also, keine Sorge.
Zur Zeit da Mama den Brief am 19.9. schrieb war ich in Orel. Aus dem Vorstehenden erseht Ihr, daß es uns gut geht. Ich schließe mit den besten Wünschen u. recht herzlichen Grüßen für Euch alle

Euer dankbarer Elmar.

Vom harten Kriegsalltag im russischen Winter schreibt auch der uns bereits zu Beginn dieses Kapitels begegnete Karl Nünnighoff. Doch der harte russische Winter traf nicht nur die Soldaten der Wehrmacht, sondern auch die der Roten Armee. Schlechtes Wetter kann in bestimmten Situationen den Verteidiger begünstigen. Aber die Rote Armee war nur noch im November in der Defensive. Bereits im Dezember sollte sie trotz aller klimatischen Widrigkeiten auf breiter Front in die Offensive gehen. Doch noch wehren sich die Russen mit dem Mut der Verzweiflung. Nünnighoff schreibt an seine Eltern am 11.11.1941:

Liebe Eltern, Willi und Lene!

(...) Diese Nacht hatte ich von 3 – ½ 5 Uhr Wache. Als ich raus kam, war das ganze Gelände in Reif und Nebel gehüllt, dazu eisige Kälte, ich habe gleich angefangen zu laufen, damit meine Füße warm blieben. Mein Nachtlager habe ich auf einem Haufen Weizenkörner in einer Ecke in meinem Quartier aufgeschlagen. Man wird mit der Zeit so anspruchslos, das man sogar auf Kartoffeln gut schläft. Über wenig Schlaf kann ich mich nicht beklagen. Jeden Tag infolge der frühen Dunkelheit lege ich mich schon gegen 5.00 - ½ 6.00 Uhr hin, zu Hause würde mir so was im Traum nicht einfallen. Es beginnt hier morgens gegen ½ 6.00 Uhr hell zu werden und abends gegen ½ 5.00 Uhr ist es schon so düster wie im Sack. Wenn ich mal nach Hause komme, bin ich das weiche Bett gar nicht mehr gewöhnt. Am 9. November, also Vorgestern wollten die rußischen Flieger noch einmal beweisen daß sie noch da waren. Bomber und Jäger kamen in einer viertelstündlichen Folge über unsere Stellungen

und beasten uns mit Bomben und Bordwaffen. Getroffen haben sie nicht einmal was. Die Folge davon war, daß zwei der immer wieder angreifenden Bomber von unseren Jägern allein in unserer Nähe abgeschossen wurden, wer weiß wieviel Russen an diesem Tage noch eine Etage tiefer mußten. Oft kamen die Biester im Tiefflug über uns hinweg gemacht und „beharkten" uns mit ihrem MGs und Bordkanonen, in ihrer Aufregung, weil sie andauernd von unseren Jägern gejagt wurden, schossen sie alle daneben, das haben wir nun schon oft mitgemacht, wir geben kaum noch etwas darum, wir sind schon so kaltblütig geworden wie nur irgend etwas. Aber ich soll schon aufpassen, macht Euch nur keine Sorgen, es hat bis heute immer noch gut gegangen, dann wird Gott auch wohl bis das ich nach Hause komme seine Hand über mir halten. (...)

Ihr wißt, daß ich gerne hier draußen bin, aber ich möchte nicht ein zweites Mal nach Rußland, diese Zustände die hier herrschen, sind für einen modernen Menschen unglaublich. Laß nur einer sagen in Rußland wehre es schön, wie in einem Paradis, den erkläre ich direkt als komplett verrückt, dann weiß ich doch wo es schöner ist. (...)

Für heute möchte ich nun Schluß machen, ich sitze hier in meinem Wagen und habe Eisfüße. Ich will hoffen, daß dieser Brief Euch bei bester Gesundheit erreicht, so wie er mich verläßt. Seid alle recht herzlich gegrüßt von

Eurem Sohn Karl.

Aus dem hart umkämpften und am Ende von den Deutschen eingenommenen Charkow, der zweitgrößten Stadt der Ukraine, schreibt Anton Böhrer am 16.11.1941 an seine Schwester:

Meine Lieben!

(...) Seit 8 Tagen haben wir nun Frost u. es ist gut, daß die Schuhe nun trocken bleiben werden. Die Kälte kam nicht gerade überraschend, aber in 2 Tagen hatten wir 22 Grad - mit einem ordentlichen scharfen Wind. Es war gut, daß man nicht unterwegs war u. sich in warmen Räumen niederlassen konnte. Wir liegen neben einem Bahnhof u. da gibt es Kohle direkt über dem Geleise u. Holz fliegt in der Nähe genügend herum, hauptsächlich dort, wo Bombeneinschläge sind. Sonst sind wir stark an der Instandsetzung unseres „Kriegsgerätes" beschäftigt. Arbeit gibt es hier in Hülle und Fülle u. man glaubt gar nicht, daß man alles wieder so gut reparieren könnte. Wir haben nämlich eine große Besichtigung u. das soll eben alles klappen genau wie es seither war. (...)

Was man mit uns weiterhin vor hat ist uns wenigstens noch nicht gesagt worden. Bis jetzt stehen uns noch alle Türen offen, also könnte es auch noch sein, daß wir nach Deutschland kommen. Ich glaube zwar noch nicht daran, aber schön wäre es doch, wenn es heißen würde: fertig machen zum Verladen. Durch den Frost ging es an vielen Abschnitten sehr rasch vorwärts u. man staunt nur so, daß der Nachschub klappt. Am 9. Nov. hat der Führer wieder ganz groß gesprochen den Engländern wird jedenfalls im nächsten Jahre hören u. sehen vergehen, wenn wir mit unseren Specialwaffen erscheinen werden. Die Amerikaner können den Russen auch nicht mehr viel liefern, denn mit der Zeit sind sämtliche Häfen zu gefroren. Eisen u. Kohle sowie Aluminium haben wir den Russen genommen u. nun dürfte es für sie schwer sein zu fabrizieren. (...)

Also bleibt alle recht gesund u. laßt es Euch gut gehen u. seit alle recht herzlich gegrüßt von Eurem dankbaren Sohn u. Bruder

Anton

Von der Krim teilt Hellmuth H. in einem langen Brief an seine Familie am 22.11.1941 seine Einschätzung der militärischen Schwierigkeiten der Deutschen in Russland mit:

Juschun, 22.11.41

1.) Wie hart am Zugang zur Krim gekämpft worden ist, erhellt uns mancherlei Einzelheiten: Unsere Stukas haben vor dem Tatarengraben lange enge Reihen von Bombenlöchern ins feindfreie Vorland geworfen, um in dem deckungslosen Gelände der eigenen Infanterie Deckungen beim Vorgehen zu schaffen. Die russischen Flieger haben nicht nur Bomben, sondern auch Artilleriemunition, ja sogar Schrott, Eisenteile, Ketten usw. abgeworfen.
Am Tatarengraben gibt es – vielleicht bisher als einziger Stelle der Ostfront – mehrere Kameradschaftsgräber, im Weltkrieg Massengräber genannt: 100 Mann in einem gemeinsamen Grab nebeneinander unter einem gemeinsamen Kreuz.

2.) 5 Mann, die auf dem Wege vom Lazarett zur Front waren, machten in den kalten Tagen der letzten Woche bei einer Rast am Bahndamm nicht weit von hier ein Feuer; unglücklicherweise gerade auf einer Mine. Ergebnis: 2 Tote, 3 Verwundete. Auch so kämpft der Feind noch im Hinterland.

3.) Zur selben Zeit blieb in dieser Gegend ein Zug mit 2000 Gefangenen und 8 Mann Bewachung mehrere Tage stecken. Die Russen kratzten vor Hunger die Kartoffeln aus dem gefrorenen Boden und sammelten die Körner aus den Getreideschobern. Trotzdem starb jeden Tag eine Anzahl an Erschöpfung und Kälte. Keine leichten Tage auch für die 8 Mann. – So packt der russische Winter den Russen selber.

4.) 2-3 km vom Haus entfernt, in der Weite der Steppe, beginnt das Schlachtfeld, in unheimlicher Erstarrtheit und Unberührtheit seit einem Monat daliegend. Bei ihren Waffen und Gerät, in Löchern, in Stellungen oder auf der Fläche liegen die Russen, wie der Tod sie gemäht, entstellt und verändert, wie auch die kühle Jahreszeit den Toten verändert. Zum Begraben haben weder Freund noch Feind Zeit, da sich jeder für den Winter einrichten muß! Soldatenlos der Besiegten! Aber die Stiefel haben ihnen die „Genossen" sämtlich ausgezogen.

5.) Im Nebenraum liege ein Russe mit einem vereiterten Lungenschuß. Gestern nacht hörte ich ihn durch die Wand immer wieder in slawischer Hemmungslosigkeit rufen: w domi, w domi! Nach Hause, nach Hause! Das ist der Trieb der leidenden Kreatur, die Sehnsucht des an Leib oder Seele wunden Menschen hüben und drüben. W domi, nach Hause!

6.) Als eine Kompanie zahlreiche Gefangene gemacht hatte, befahl der Kp.-Chef einem ausgezeichneten Uffz. ohne schwerwiegenden Grund, einen der Gefangenen zu erschießen. Der Uffz. weigerte sich mit der Antwort, er sei Soldat und nicht Henker. Darauf erschoß der Kp. Chef selbst den Gefangenen. 2 Tage später fiel er. Ist es dem Rechtssinn des gemeinen Mannes zu verargen, wenn er eine höhere Gerechtigkeit in diesen Vorgängen sucht?

7.) Es wird von einem Uffz, berichtet, der, als er einen Herzschuß bekam, sich mit der Linken zum Herzen faßte und mit der Rechten ruhig den Stahlhelm abnahm, ihn vor sich hinlegte und dann tot zusammenbrach. Mag er diese Bewegung als physische Entlastung durchgeführt haben, oder mag es eine schon vorher geplante Bewegung gewesen sein, mit der er nun in der letzten langen Sekunde sich den Beweis liefern wollte, daß er noch lebe; scheint es nicht, als ob er von seinem Soldatenleben angesichts des Todes sichtbarlich Abschied nimmt und sich zur langen Reise fertigmacht, wo der Stahlhelm unnütz ist?

8.) Vor nicht langer Zeit besuchte ein General ein Feldlazarett, begrüßte die Verwundeten einzeln und sagte am Schluß: „Nun habe ich noch eine besondere Freude für Euch; jeder bekommt von mir das EK II!" und legte es jedem aufs Bett. Es war bei den Verletzten aber auch ein Mann vom Nachschub dabei, dem ein Wagen über den Fuß gefahren war. Er traute sich nichts zu sagen, gab aber, als er zur Kp. zurückkam, das EK ab, er wolle sich nicht lächerlich machen. Wie viele hätten lieber den Fluch der Lächerlichkeit auf sich genommen!

Bei Edgar Steuerwald beherrschen auch das Wetter und die Versorgung der Soldaten und der Zivilbevölkerung den Brief an seine Eltern vom 23.11.1941:

Meine lieben Eltern!

(...) Nun zu der Kartoffelfrage. Auch hier in Rußland sind diese sehr knapp. Ich kann mir gar nicht vorstellen, wie sich die Russen über Wasser halten können. Nach meiner Ansicht müssen die Russen doch kurz über lang den Hungertod sterben, denn die Ernährungslage ist zu schlecht. Und jetzt herrscht hier eine große Kälte. Durchschnittlich - 16 Grad - 20 Grad Kälte. Hoffentlich kommen wir bald in eine andere Gegend. (...)
Und jetzt möchte ich schließen! Für heute verbleibe ich mit 1000 Grüßen u. Küssen

Euer Edgar!

Was die 900-tägige Belagerung Leningrads für die Heeresgruppe Nord war, sollte Rostow am Don für die Heeresgruppe Süd werden – ein Menetekel für die sich anbahnende Katastrophe. Am 17. November rückte die Wehrmacht nach schweren Kämpfen in die Stadt ein und drängte die sowjetische 56. Armee hinter den Fluss zurück. Doch die Sowjets führten neue Streitkräfte heran, die wiederum die gerade erst in die Stadt eingezogenen deutschen Truppen einzukesseln drohten. Am 27. November wurden die Deutschen und eine slowakische Panzer-Division aus verschiedenen Richtungen von der Roten Armee angegriffen.

Zwei Tage später fiel die Stadt durch russische Partisanen und die Rostower Landwehr wieder in die Hand der Russen. Erst am 2. Dezember konnten die weiter vorrückenden Truppen der Russen an einer deutschen Auffangstellung entlang des Flusses Mius aufgehalten werden. Gerd von Rundstedt wurde wegen seiner Entscheidung, die deutschen Truppen gegen Hitlers ausdrücklichen Willen aus Rostow zurückzuziehen, als Oberbefehlshaber der Heeresgruppe Süd abgelöst und durch Walter von Reichenau ersetzt. Noch aber kann Franz Siebeler vom Artillerie-Regiment 4 (14. Panzer-Division) an seine Eltern stolz vom Erfolg der Wehrmacht berichten:

Ihr Lieben Alle!

(...) In den letzten Tagen gab es für uns wenigstens die frohe Kunde, dass das hart umkämpfte Rostow gefallen ist. Lange lagen wir davor und heftig waren die Kämpfe, nun aber ist diese Stadt unser. Damit ist die letzte Bahnverbindung zwischen Kaukasus und Zentralrussland durch uns unterbrochen worden. Was noch sehr wichtig ist, wäre folgende Tatsache. Die zwei Brücken über den Don, mehrere Kilometer lang, sind unbeschädigt in unsere Hand gefallen. Ich selbst bin noch nicht in der Stadt gewesen, da meine Maschine erst heute fertig geworden ist. Es ist eine andere Type, aber ich werde wohl auch mit ihr fertig werden. Unser Haufen ist auch schon wieder aus der Stadt raus, da wir an anderer Stelle eingesetzt worden sind. Das ist eben das mannigfaltige im Soldatenleben. Heute hier – morgen dort. (...)
Mögen alle unsere bisherigen Kriege sein wie sie wollen, gerecht oder ungerecht, mögen sie Machenschaften der Diplomaten sein, eines aber steht fest, dieser Krieg gegen die verbrecherische Arbeit des Bolschewismus ist der Kampf der gerechten Sache. Wehe, wenn die asiatischen Horden in unser schönes Deutschland eingedrungen wären. Es ist nicht zu beschreiben. Film und Zeitung können es niemals so ausdrücken wie es in Wirklichkeit ist. Nur wer die grauenhaften Zustände selbst gesehen hat kann sich ein Bild über die Wirklichkeit in der U.d.S.S.R. machen. (...)
In einem Monat ist nun Weihnachten. Weihnachten, Fest des Friedens! Aber die Menschen wissen nichts vom Frieden, nur Krieg steht in jeder Zeile. Wo werden wir es wohl in diesem Jahr feiern? Niemand weiß es, aber eines ist doch so gut wie sicher, dass wir irgendwo im Feindesland das Christfest feiern werden. Für mich wird es die erste Kriegsweihnacht sein. Ich tröste mich mit den Kameraden, die schon das zweite oder gar

das dritte Mal irgendwo in weiter Ferne unterm Lichterbaum sitzen und mit allen Gedanken in der Heimat sind. Wir sind ja zufrieden, wenn wir, die wir nun ununterbrochen fünf Monate im Kampfe stehen, rausgezogen würden und einige Wochen Ruhe bekämen. Dann könnten wir ruhig und zufrieden Weihnachten feiern. Ein Bäumchen wird sich wohl auftreiben lassen und wenn ein Haufen Post käme, so wäre jeder glücklich und zufrieden. Die Ansprüche des Landsers sind ja nicht groß. (...)
Eine Kuriosität hätte ich noch zu berichten. Ein Urlauberzug fährt von Mariupol über Stalino, Dnjepropetrowsk, Shitomir, Lublin, Kattowitz, Breslau, Dresden, Leipzig, Halle, Nordhausen, Kassel usw. weiter ins Rheinland. Ich habe nur noch nichts darüber erfahren, dass es Urlaub gibt. Das gilt wohl nur für Etappenhengste! Ich habe herzlich gelacht, als ich von einem Kameraden hörte, dass ich direkte Verbindung bis zur Heimat hätte. Vier Tage soll die Fahrt dauern. Vielleicht sind wir nächstes Jahr um diese Zeit so glücklich, auf Urlaub fahren zu können. (...)
Wenn Ihr unter dem Lichterbaume sitzt, dann denkt an mich. Allen Verwandten und Bekannten allerbeste Grüße und Wünsche. Als Wünsche hätte ich Briefumschläge und einen Rasierapparat, da meiner verlorengegangen ist. Schließt mich in Euer Gebet ein. Hoffentlich können wir bald mal auf Urlaub fahren. Nochmals frohes Fest und tausend Grüße und Küsse von

Eurem Jungen.

Und auch Heinz Rahe, der am 23.11.1941 aus der Ukraine an seine Ehefrau schreibt, stand noch voll unter dem Eindruck des Erfolgs der Deutschen in Rostow, dem „Tor zum Kaukasus“ mit seinen wichtigen Erdölquellen.

Meine geliebte Ursula

(...) Heute mittag hörte ich, daß Mölders verunglückt ist. So geht es allen oder doch vielen hervorragenden Männern in diesem Kriege, man denke nur an Udet, Prien und andere. Die militärischen und politischen Aufgaben, vor die unser Volk sich gestellt sieht, sind groß. Gott gebe, daß sie nicht die Kräfte unseres Volkes überfordern. Die Erfolge bei Tula und an der Wolga sowie die Einnahme Rostows lassen ja auf einen günstigen Fortgang der Operationen noch vor dem großen Schneefall hoffen trotz der starken Gegenwehr der Russen. Ohne Frage wird der Winter dann besondere Aufgaben zur Genüge stellen. Seit einiger Zeit nimmt nun das Bild, das die politische Neuordnung des Ostens zeigen soll, deutlichere Formen an. Seit der Gründung der Reichskommissariate Ostland und Ukraine besteht wohl kaum mehr ein Zweifel darüber, daß wir weite Teile des eroberten Gebietes als Kolonie betrachten. Beim „Ostland“ hatte ich es gehofft, bei der Ukraine befürchtet. Damit wird eine ganz neue Periode in der Geschichte unseres Volkes eingeleitet; es wird aus dem Bismarck'schen Nationalstaat ein europäisches Imperium mit Tschechen, Polen, Ukrainern und Balten, die unserem Volke zunächst die Waage halten, es aber bald dank ihres raschen Wachstums weit überflügeln werden. Darin sehe ich die Hauptgefahr, die vielleicht nach einer Generation schon alle heutigen Erfolge in Frage stellen wird. (...)
Leider mußt Du jetzt wohl sehr lange auf Post warten, da die JU irgendeinen Defekt hat. Auch die beiden letzten Briefe sind noch hier. Für heute genug!
Recht, recht innigen Gruß

Dein Heinz

Und noch einmal meldet sich Fritz Pabst am 24.11.1941 aus dem Kampfgeschehen der Heeresgruppe Süd in Charkow mit einem Brief an seine Frau Hildegard:

Meine Lieben!

Nun kann ich Euch mal wieder einige Zeilen schreiben, denn acht ruhelose Tage liegen wieder hinter mir. Jetzt haben wir nun unser Quartier in Charkow aufgeschlagen und wenn wir auch hier wieder Brücken bauen müßen, so haben wir doch endlich ein festes Quartier und man kann wieder an seine Lieben schreiben. (...)
Nun mein liebes Mottchen, daß ich unseren Hochzeitstag vergessen habe, darfst Du mir nicht übel nehmen denn in der letzten Zeit ging alles ein wenig durcheinander, vielleicht könnten wir den nächsten zusammen feiern. Aber mit dem Ende Mitte November habe ich mich geirrt. (...)
Kalt ist es hier schon, aber doch trocken und das ist viel wert. Im Allgemeinen ist es hier wie in Kiew auch, die Industrie ist fast völlig zerstört und einzelne Fälle von Sabotage kommen auch noch vor, dafür werden dann eine Anzahl Zivilisten öffentlich erhangen. (...)
Seit alle vielm. herzlich gegr. u. geküßt von mir. Auf Wiedersehen u. einen herzl. Kuß

Dein Fritz

Aus der Ukraine wurde Klaus Becker in diesen Tagen mit seiner Einheit nach Norden in Richtung Moskau verlegt. Keine gute Aussicht – in der Ukraine konnten die Deutschen noch als Befreier auftreten, vor Moskau stand ihnen ein erbittert kämpfender Feind gegenüber:

Im Osten, den 24.11.41

Meine liebe Suse!

Aus dieser Stellung schreibe ich Dir wohl zum letzten Mal. Denn morgen geht es wieder los. Wir bedauern das natürlich sehr; so gut werden wir es kaum wieder bekommen, wie wir es hier in den letzten 10 Tagen hatten. (...)
Wir werden 2 Tage unterwegs sein, um unsere Batterie zu erreichen. Wo diese z. Zt. ist, wissen wir nicht. Es geht aber in Richtung Moskau, Wolokolamsk - Klin, alles große Orte, die auf der großen Rußlandkarte eingezeichnet sind. Wir kommen also in die Gegend nördlich von Moskau. Ob es dann weiter ostwärts geht, um an der Umfassung von Moskau auf diese Weise teilzunehmen, wissen wir natürlich nicht.
Ich will diesen Brief gleichzeitig als 1. Weihnachtsbrief schreiben; denn mit einer Beförderungsdauer von 3-4 Wochen muss ich wohl rechnen. Ich wünsche Euch allen ein, der schweren Zeit entsprechendes, fröhliches Weihnachtsfest. Die Kinder werden auch so ihre große Freude an den Geschenken und dem Tannenbaum haben und Du wirst Dich an der Freude der Kinder erfreuen können. Ich denke mir, daß Du Deine Eltern und [...] zum Feste dort haben wirst. So kommt ihr doch gemeinsam leichter gerade über diese Tage hinweg. Wie gern auch ich zu Hause wäre und wie sehr ich die Weihnachtsfreude zu Hause vermissen werde, brauche ich Dir nicht zu sagen. Gerade die Festtage über wird es für uns sehr schwer sein, hier im weiten Rußland sein zu müssen und manch wehmütige Stunde steht uns bevor, wo die Tage immer kürzer werden und die dunkle Tageszeit so viel länger wird. Aber im Kameradenkreise werden wir leichter damit fertig. (...)
Mit den herzlichsten Grüßen auch an die Kinder!

Dein Klaus

Mit einem Bericht aus dem Alltag des Soldatenlebens meldet sich auch Karl Nünnighoff am 26.11.1941 wieder bei seinen Eltern:

Rußland, den 26.11.41

Liebe Eltern Willi und Lene!

(...) Vor einigen Tagen zog sich unsere Front einige Kilometer zurück, um wiedermal einen großen Teil der Sowjetarmee in einen Kessel zu locken. Wie ich Euch schon schrieb, fahre ich jetzt einen dreiachser Russenwagen und der ist bestimmt besser als jeder andere L.K.W. unserer Batterie. Die ganze Sache vollzog sich in der Nacht. Den ganzen Tag über hatte ich den Motor nicht kalt werden lassen da nun eine Zugmaschine von uns ausgefallen war, mußte ich hinter meinem Wagen eins unserer Geschütze spannen. Schon oft hatte ich zu der Last von sechzig Schuß noch ein Geschütz hinterhängen. Als es nun gegen 21.00 Uhr los ging, stotterte mein Wagen schon und knallte fürchterlich hinten heraus, da dachte ich schon, wenn das nur gut geht. Wir waren einige hundert Meter gefahren in stockdunkler Nacht da hielt der ganze Haufen schon wieder und meine Kiste machte Krach zum davonlaufen. Alles stellte die Motoren ab und ich dann auch. Es war richtig kalt. Es dauerte eine Weile, da hieß es „anwerfen“. Ich warf meinen Wagen an ..., nanu, er gab keinen Laut von sich, noch einige Male versuchte ich, nichts zu machen. Ich holte unseren Montör herbei, der sah einmal nach und konnte sich auch nicht erklären woran es lag. Befehl war, jeder Wagen der unterwegs stehen blieb, sollte angesteckt werden. Ich hatte schon Angst und Bange, finstere Nacht und die Russen hinter uns. Unser Schirrmeister sagte zu mir, das Geschütz nehmen wir mit und sie bleiben hier mit einem Uffz. bis das wir sie

holen, ich sagte schlagartig, das kommt gar nicht in die Tüte, ja dann muß der Wagen stehen bleiben. Ich hätte im Moment heulen können, aber mein Leben war mir lieber. Dann blieb ein anderer und ein Uffz. bei dem Wagen, die, wenn die Russen eher kommen sollten, den Wagen vernichten sollten. Nun war alles so aufgeregt und alles mußte so schnell gehen, da habe ich nur das was ich anhatte, mein Gewehr und mein Photo mitnehmen können. Dann gings los. Als wir morgens gegen 6.00 Uhr unsere neue Stellung erreicht hatten, kam kurze Zeit drauf die anderen beiden, sie waren nicht mehr lange geblieben, da waren die Russen da. Nun habe ich alles auf dem Wagen, ich hätte mich tot ärgern können. Meine beiden Decken hatte ich zum Glück auch noch gepackt. Alles andere werde ich Euch dann erzählen. Nun möchte ich Euch bitten, schickt mir bitte einen kleinen Rasierapparat, den man so in die Tasche stecken kann, ein Stückchen Wasch- und Rasierseife, eine Seifendose, Zahnpasta und Zahnbürste, eine kleine Schuhbürste mit Schuhkrem, ein kleines Handtuch und wenn Ihr bekommen könnt ein Butterdose, die nicht so schnell kaputt geht. (...)
Laßt Euch aber bitte nicht durch diesen Brief Eure Weihnachtsstimmung verderben, denkt ich wäre mitten unter Euch, dann wird es Euch doch nicht so schwer fallen. Hiermit wünsche ich Euch allen noch einmal gesegnete Weihnacht und alles Gute bis auf ein frohes Wiedersehen. Ich bin noch gesund und munter was ich auch von Euch hoffe. Seid nun alle recht herzlich gegrüßt aus dem Felde von Eurem Sohn

Karl.

Zwei Tage später schreibt Heinz Rahe an seine Ehefrau von der (vorläufigen) Einnahme Rostows:

Meine geliebte Ursula!

(...) Heute sind deutsche Truppen in Rostow eingedrungen. Meine Division liegt auch davor. Auch bei Moskau gab es heute sehr erfreuliche Fortschritte. Andererseits ist bei uns der russ. Widerstand sehr groß. Teilweise sind die Gegenangriffe ganz ungeheuer schwer. Das hört man immer wieder. (...)
Mein Lieb, sei nicht böse, wenn Du hier manches Unschöne gelesen hast.

Ich grüße Dich von ganzem Herzen!!

Koch der Wehrmacht an seiner Feldküche während des Russlandfeldzugs

Winterquartier von Wehrmachtssoldaten in Protasowa / Russland

Stillstand im Osten

Verlassen wir für einen Moment die deutschen Linien in Russland und begeben uns auf die andere Seite der Front: nach Moskau. Während die deutschen Truppen der Heeresgruppe Mitte – genauer gesagt: eine Vorhut des Panzerpionier-Bataillons 62 – am 2. Dezember den kleinen Vorort Chimki, keine 18 Kilometer vor Moskau, erreichten und die Turmspitzen des Kremls durch die Ferngläser der vordersten Truppenspitzen bereits deutlich zu erkennen waren, war wenige Tage zuvor genau dort, im Kreml, eine wichtige Entscheidung gefallen: Am 30. November hatte Stalin die Pläne von General Schukow für eine große Gegenoffensive gegen die Deutschen gebilligt. Schukow hatte die letzten Wochen genutzt, um im russischen Hinterland immer weitere neue Reservearmeen aufzustellen – darunter Kavallerie, Matrosenbrigaden, Skibataillone und allein aus Moskau fünf Divisionen Arbeiterbataillone. Unentwegt rollte darüber hinaus neues Kriegsgerät samt Mannschaften aus dem fernen Osten heran. Die russischen Fabriken jenseits des Urals lieferten Gerät und Waffen in großen Mengen. Zudem wurden über den Hafen Murmansk amerikanische Hilfslieferungen angelandet. Insgesamt standen der Roten Armee zu Beginn der Winteroffensive 1941 als strategische Reserve mehr als 1 Million Soldaten mit mehreren hundert Panzern und dementsprechender Artillerie zur Verfügung. Hinzu kamen noch einmal rund 1400 Flugzeuge. Eine enorme Militärmacht, die – wenn sie sich erst einmal entlang der gesamten Frontabschnitte in Bewegung setzen würde – nur schwer aufzuhalten war. Ziel war vor allem, die Heeresgruppe Mitte und deren Vorstoß auf Moskau zu stoppen. Gleichzeitig sollten Entlastungsangriffe auf die Heeresgruppe Nord und Süd verhindern, dass die Wehrmacht von dort Truppen zur Verstärkung des mittleren Frontabschnitts abziehen konnte. Von diesen Vorbereitungen in der Tiefe des russischen Raumes wusste man auf deutscher Seite nichts – weder im Oberkommando noch direkt an der Front.

Erich Grießhammer, von dem wir nicht genau wissen, wo er im Bereich der Heeresgruppe Nord stationiert war, schreibt am 1.12.1941 an seine Ehefrau nur andeutungsweise über die schweren Kämpfe im Raum Leningrad – und erst in der Rückschau wird klar, was den deutschen Soldaten in den kommenden Monaten bevorstehen sollte. Grießhammer selbst wird bei den Kämpfen verletzt:

Kriegslaz. Dno. d. 1.12.42

Meine kleine Wally!

Es liegen schwere Tage hinter uns. wenig Schlaf, starker Frost, Schneestürme. Wer kann sich ein Bild davon machen? Wohl niemand der Rußland nicht selbst erlebte. Du wirst auch im Heeresbericht vom Ilmensee lesen und ich glaube auch der Ort Doropetz, od. so ähnlich heißt das Nest, wirst Du dann nicht übersehen haben. Am 27.11. früh ca. 6 Uhr ging die Hölle los, die Teufelchen tanzen im Gelände umher. Ja und da ist es mit passiert. Brauchst Dir aber keine Sorgen zu machen um mich. Was ich verletzt habe kann ich Dir noch nicht schreiben, ich will erst die nähere Untersuchung abwarten. Der Greif ist seinen Führer los, wir werden uns nicht wiedersehen. Es kann möglich sein, daß ich nach Deutschland komme, da, wie auf meinem Verwundetenzettel, draufsteht, ich einer Spezialbehandlung bedarf. (...)
Nun will ich weiter schreiben, eben gab es Mittag, bestand aus: Kartoffelbrei mit Bohnen Gulasch, als „Mittelspeise": Tomatensuppe, Nachspeise: Haferschleim mit Apfelmus, als Schluß: Ein Glas Seckt. (...)
So und nun alles Gute.

In Liebe grüßt Dich Dein kl. Erich

Aber noch hatte die sowjetische Offensive nicht begonnen. Und so gab es für die Soldaten der Heeresgruppe Süd auch Stunden, in denen das Kampfgeschehen zurücktrat. Noch! Es war die Ruhe vor dem Sturm. So schreibt Anton Böhrer am 2.12.1941 aus Charkow an seinen Vater und seine Schwester. Noch immer dominieren neben kursorischen Schilderungen des Kampfgeschehens Themen wie ein möglicher Urlaub zum nahen Weihnachtsfest die Briefe der Soldaten. Doch warnt Böhrer Vater und Schwester davor, den schönen Bildern der Wochenschauen zu trauen. Die Wirklichkeit des Krieges sei deutlich schmutziger:

Lieber Vater, lb. Adolfine!

Wie Ihr seht, liege ich immer noch in Charkoff. Es ist natürlich hier doch noch besser als nun in Stellung über dem Donez zu sitzen. Ein Teil der Batterien von uns ist z. Zt. im Einsatz aber man spricht nun von einer Ablösung. Bei der kalten Witterung können sich die Soldaten freuen nun abgelöst zu werden. Mit der Zeit kommt auch die Winterbekleidung hier an u. so hoffen wir auch einmal unter den Glücklichen zu sein, denn heute hat es nachdem es in den letzten Tagen sehr mild war, daß man Angst vor Tauwetter hatte, wieder Minus 170 u. einen schönen kalten Wind. Gestern waren wir im Kino. Ich habe es durchgesetzt, daß es nun doch noch soweit gekommen ist, denn wir waren seit Juni oder gar Mai nicht mehr im Film gewesen. Es kam eine fast neue Wochenschau von Orel u. Panzeraufmarsch bei Mariupol, alles sehr interessant, aber doch noch lange nicht der Wirklichkeit entsprechend. Es sieht sich alles sehr schön aus, aber wenn man selbst mitkämpft ist es doch viel anders. Der Dreck auf den Straßen war bei uns vor Charkoff z.B. viel stärker als u. die L.K.W. haben sich gerade gedreht wie auf Glatteis. Manche Wage blieben stecken u. versanken, andere wieder rutschten ab u. mußten mit Zugmaschinen wieder flott gemacht werden. Nun ja, wenn man alles so darstellen wollte wie es sich ereignet, so kämen die Kinobesucher nur noch mit verheulten Gesichtern nach Hause, da sie eben noch nicht so hart geworden sind als die Kämpfer an der Front. (...)

In Urlaub sollen von hier sehr wenige fahren u.z. hauptsächlich Verheiratete oder bei solchen, wo Krankheitsfälle oder Todesfälle in der letzten Zeit vorgekommen sind. In unserer jetzigen Div. brauchen wir vorläufig noch nicht daran denken. Auch ist die Bahnfahrt ziemlich lang, obwohl ich hörte, daß der S.F.Zug von Poltawa nach Berlin nur 5 Tage brauchen würde. (...)

Heute kann man in Ch. noch gar nichts kaufen, viel weniger in ein Kaffee gehen, oder sonst nur z.B. eine Schachtel Streichholz kaufen. Die Bolschewisten haben eben alles vernichtet oder mitgenommen. Den einzigen Verkäufer habe ich gestern gesehen, der ein paar Schnürsenkel auf einem großen Platz verkaufte. Übrigens gerade an diesem Platz hingen neulich an den Balkonen mehrere Partisanen, welche Sprengungen oder sonstigen Unfug trieben. Es ist dies eine radikale Art, aber bestimmt wirkt sie bei den Russen am meisten, wenn Sie Ihre Genossen am Strick baumeln sehen. Hier ist es am Anfang sehr unruhig gewesen, denn oft hörte man Detonationen, wie meistens von Sprengungen herrührend, doch man wußte nie genau wo solche waren, doch ist es nun wieder ruhiger geworden. Da wir nun dem Weihnachtsfeste immer näher rücken, so wünsche ich Euch allen ein recht frohes Fest bei dem sicher Therese u. Karl Eure Gäste sein werden. Vor allen Dingen laßt Euch recht bescheren. Ich selbst kann Euch dieses Jahr mit keinen großen Gaben erfreuen, da ich ja hier nichts erwerben kann was vorteilhaft ist. Laßt Euch also nochmals recht ordentlich bescheren u. freut Euch Eurer Gesundheit u. Eures warmen Heims. (...)

Für heute grüßt Euch aufs herzlichste Euer dankbarer Sohn u. Bruder

Anton

Erich Grießhammer schreibt am 5.12.1941 an seine Frau:

> *Feldlaz. Dno., d. 5.12.1942*
>
> *Meine liebe Wally!*
> *Jetzt bin ich nun schon 6 Tage hier, ich dachte um diese Zeit schon in Deutschland zu sein, aber das Denken soll man ja den Pferden überlassen. Na vielleicht morgen, denn da geht wieder ein Lazarettzug ab. Nun erst einmal mein Befund: Mein linker Fuß ist angebrochen, aber dafür ist mein Unterkiefer völlig durcheinander gekommen und wie der Arzt sagt, sollen noch 2 Splitter drin sein. Die Operation soll von einem Spezealarzt in Deutschland vorgenommen werden. Also hab ich noch wat schönes zu erwarten. Na vielleicht komm ich recht in Deine Nähe, damit Du mich, wenn es Deine Zeit erlaubt, besuchen kannst. (...)*
>
> *Dein kleiner Erich*

Der 5. Dezember war der erste Tag der russischen Winteroffensive, die sich vor allem gegen die 9. Armee und hier insbesondere gegen die Panzergruppen 3 und 4 im Herzen des deutschen Frontverlaufs vor Moskau richtete. Die Russen hatten nördlich und südlich ihrer Hauptstadt neue, große Kräftegruppen zum Gegenangriff aufgestellt. Die Deutschen hatten nicht mehr als 67 abgekämpfte Divisionen zur Verfügung, die nahezu unbeweglich waren und über keinerlei Reserven verfügten, dazu nur stark geschwächte Luftwaffenverbände. Diese waren über eine Frontlänge von mehr als 1000 Kilometer verteilt. Ihnen gegenüber standen 88 Schützendivisionen, darunter 20 sibirische, 15 Kavallerie-Divisionen und 24 Panzer-Brigaden. Am Ende des Tages sollte der Oberbefehlshaber der Heeresgruppe Mitte, Feldmarschall von Bock, melden: „*Kraft zu Ende. Angriff Panzergruppe 4 morgen nicht möglich. Ob Ausweichen notwendig, wird morgen gemeldet.“* Zwei Tage später lautete sein Bericht*: „Schwerer Tag. Der rechte Flügel der Panzergruppe 3 hat in der Nacht begonnen, sich abzusetzen... Das Absetzen der 2. Panzerarmee (Guderian) vollzieht sich im übrigen planmäßig... (Der Kampfwert) der Divisionen ist auf die Hälfte herabgesetzt; der Kampfwert der Panzertruppe weit geringer...“*

Heinz Rahe, den wir schon aus vielen Briefen kennen, weiß zu diesem Zeitpunkt noch nichts über die neue militärische Lage. Er schreibt am 6.12.1941 aus dem Kaukasus an seine Ehefrau eher Belangloses – vielleicht, um die Angehörigen nicht unnötig zu beunruhigen?

Meine geliebte Ursula!

(...) Selbstverständlich macht sich auch bei uns der Winter sehr störend bemerkbar. Da fehlt das frische Gemüse, und seien es nur Gurken und Tomaten, aber auch Eier sind jetzt nur schwer zu bekommen, und seit aus T. so sehr viele Soldaten gekommen sind ist die Butter trotz guter Quellen dauernd vergriffen. Mit einem Schlage ist da ein Umschwung eingetreten. (...)
Beim Korps läuft jetzt jeder wie ein Russe herum. Auch ich habe mich ein wenig russifiziert und gestern auf der Fahrt meine russische Pelzmütze aufgehabt. Sie sitzt so warm, daß es unangenehm war. Dabei zog ich die Ohrenklappen herunter und war so ganz geschützt. (...)
Hoffentlich hast Du überall recht schöne Tage! Recht herzlich grüßt Dich, mein Lieb!

Dein Heinz

Im OKW-Eintrag an diesem Tag heißt es allein nur für die Heeresgruppe Süd:

„Feindlage: Zunehmende Angriffstätigkeit in wechselnder Stärke vor dem Südflügel der H.Gr. Starke Angriffstätigkeit der feindlichen Luftwaffe vor Südflügel und Mitte während des ganzen Tages.

Krim: An der Sewastopol-Front feindliche Spähtrupptätigkeit.

Donez-Becken: Am Südflügel Angriffe in wechselnder Stärke mit starker Unterstützung der feindlichen Luftwaffe und mehrfachem Auftreten von feindlichen Raketengeschützen. (...) Wetter: Strichweise Schnee, scharfer Wind, 15-24 Grad Kälte."

Angriffe, wohin man blickte. Für die Heeresgruppe Mitte notiert der OKW-Bericht am selben Tag:

„An der ganzen übrigen Front Angriffe des Feindes, die er mit Artl. und Raketengeschütz-Unterstützung durchführte. Auch Bomben- und Schlachtflieger setzte er mehrfach ein. Nördl. Moskaus setzten sich eigene Teile in die Linie 10 km westl. des Moskwa-Kanals ab. Gegen Rogatsdiewo führte der Feind Angriffe in unverminderter Stärke und es gelang ihm nach erbitterten Kämpfen, die eigene Abwehrfront bei Rogatschewo einzudrücken.

Südostw. Kalinin griff der Feind weiter über die Wolga an. Hier waren ernste Kämpfe noch im Gange."

Doch noch immer schreibt Fritz Pabst, der in seinem Bau-Bataillon der 6. Armee, der späteren Stalingrad-Armee, unterstellt ist, in seinem Brief an seine Frau Hildegard in erster Linie über das bevorstehende Weihnachtsfest. Durfte oder wollte er nicht mehr vom immer härter werdenden Kampf schreiben? Ziemlich genau ein Jahr sollte Fritz Pabst noch vom Ende der 6. Armee im Kessel von Stalingrad im Januar 1943 trennen, in dem auch er sterben sollte.

Nun mein liebes Mottchen!

Erstmal recht vielen Dank für die von Dir in den letzten Tagen eingegangene Post, es sind drei Briefe vom 15.9., 14.+16.11. und das Päckchen mit den Äpfeln, leider waren sie ganz braun,

wahrscheinlich erfroren, aber ich habe mir die besten davon ausgesucht und sie gebraten, sie haben noch einigermaßen geschmeckt. Jetzt ist es in Rußland nicht an der Zeit, daß man etwas essbares so ohne weiteres fortwirft. Vor einigen Tagen habe ich noch zu meinen Kameraden gesagt, für ein paar Äpfel gäbe ich jetzt sonst etwas und siehe da, ich bekam sie einige Tage später. Schade, daß sie nicht mehr gut waren, aber dafür kannst Du ja auch nicht, jedenfalls habe ich mich gefreut und sage Dir meinen besten Dank. (…)

Uns läuten in diesem Jahre keine Glocken, dafür stehen wir ja auch im Dienste des Volkes und bringen gern jedes Opfer und sei es noch so groß, wißen wir doch, daß dieser Weg einer besseren Zukunft entgegenführt und unsere Kinder vor einem Krieg bewahrt bleiben. – Daß wir unserem Führer dienen und den Bolschewismus vernichten können ist unser Stolz und so „feiern" wir Weihnachten in dem Lande, deßen Volk nichts weiß von einem Fest der Freude.

Er wusste nicht, dass dieser 7. Dezember 1941 ein Tag von welthistorischer Bedeutung sein würde. An diesem 7. Dezember informierte Stalin die russische Bevölkerung zum ersten Mal über die Offensive der Roten Armee und die schweren Verluste, die die Deutschen zu diesem Zeitpunkt bereits erlitten hatten. Viel entscheidender war jedoch: An eben jenem 7. Dezember griffen die Japaner mit einem Flottenkampfverband den amerikanischen Marinehafen Pearl Harbor an und es sollten nur vier weitere Tage vergehen, bis Hitler im Namen Deutschlands den Vereinigten Staaten von Amerika den Krieg erklärte. Aus dem Eroberungs- und Vernichtungskrieg im Osten sollte von nun an ein Weltkrieg werden! Das OKW vermeldet dazu:

„Lt. Meldung aus Washington haben die Japaner Pearl Harbor sowie sämtliche Marine- und Heereseinrichtungen auf der Insel Oahu, dem Haupt-

stützpunkt auf den Hawaii-Inseln, aus der Luft angegriffen. Ferner wird ein Luftangriff gegen Stützpunkte des Heeres und der Kriegsmarine in Manila gemeldet. Laut Erklärung des Weißen Hauses sind japanische Angriffe auf Hawaii und Manila noch im Gange (Reuter).

Laut Verlautbarung des Kaiserl. Jap. Hauptquartiers befindet sich die japanische Armee und Flotte im Westpazifik im Kampf mit britischen und amerikanischen Streitkräften (Sondermeldung Tokio).

Laut Meldung des Marinedepartments an den Präsidenten japanische Luftangriffe auf Guam (Reuter).

Amtl. Bericht aus Singapur: Am 7.12. gelang es feindl. Truppen, in einer Bucht bei Padang Tabek zu landen. Vordringen der Truppen auf Flugplatz Coda Baru und Kämpfe mit brit. Landtruppen und Flugzeugen werden gemeldet.“

Aber da waren die deutschen Truppen im Osten schon auf dem Rückzug. Im OKW-Bericht heißt es drei Tage später, am 10.12.1941: *„Der Feind sucht die Durchbruchsstellen bei der südl. Armee, bei der nördl. Pz.Gruppe und der nördl. Armee durch unermüdlich fortschreitenden Angriff zu erweitern. Dazu setzte er alle greifbaren Reserven ein, auch einzelne Verbände, die aus dem Aufstellungsgebiet an der Wolga kommen.“* Klaus Becker, Soldat u.a. bei den Flak-Scheinwerfer-Regimentern 74 und 126 bzw. dem Artillerie-Regiment 320, schreibt am 14.12.1941 an seine Ehefrau:

Meine liebe Suse!

Ich bin heute 39 Jahre alt geworden. Wer hätte das im vorigen Jahr gedacht, dass ich den diesjährigen Geburtstag weit von der Heimat verbringen würde! Es geht mir aber trotzdem ausgezeichnet, obgleich wir gestern bei großer Kälte im Schneesturm den bisher unangenehmsten Stellungswechsel machten. Wir sollten morgens um 8 Uhr abfahren, kamen aber erst um 11 Uhr weg, so lange dauerte es, bis unser Wagen infolge der Kälte angesprungen war. Dann verfuhren wir uns noch mal,

konnten eine ganze Zeit nicht weiter, weil gerade auf einer Brücke 2 Wagen neben einander liegen geblieben waren, und gerieten abends in der Dämmerung kurz vor unserem Ziel das erste Mal in den Graben und erreichten glücklich um 10 Uhr unser Ziel. Wir haben dann noch bis nach 12 Uhr gearbeitet. (...)
Heute ist wunderbarer Sonnenschein und eine herrliche Schneelandschaft wie wir sie zu Hause nur selten haben. Leider können wir hier aber nicht bleiben, weil der Ort von einer anderen Einheit belegt wird. Aus diesem Grunde mussten wir auch schon die beiden Orte räumen, in denen wir vor dieser Stellung lagen, während das Dorf, in dem wir noch vor 1 Woche waren, entweder den Russen überlassen oder schon niedergebrannt ist. Aus dem Wehrmachtsbericht hast Du erfahren, dass die Kämpfe hier im Osten infolge des Winters nur noch örtlichen Charakter haben. Beide Seiten richten sich daher mehr und mehr auf Verteidigung ein. Alles, was zwischen den Kampflinien liegt, wird daher nach Möglichkeit beseitigt, um vor Überraschungen sicher zu sein. Nachts sieht man daher vielfach den Feuerschein von Dörfern, die niedergebrannt werden, teils wohl von uns, teils auch von den Russen. Stellenweise drängt der Russe allerdings noch ziemlich, aber auch das wird nur noch von kurzer Dauer sein, dann wird hier wohl auch die winterliche Kampfruhe eintreten, abgesehen von Fliegertätigkeit, die hier wohl nicht ruhen wird. Mit Moskau wird es diesen Winter wohl nichts mehr werden. Wohin wir nun endgültig kommen, wissen wir natürlich nicht. Es geht erst mal wegen Quartiermangel wieder ein Stück zurück. (...)
Ob es heute noch fort geht, wissen wir nicht. Es fehlt im Augenblick noch der erforderliche Sprit und es ist jetzt schon 1/2 11 Uhr. Unter Umständen gibt es wieder eine tolle Fahrt.
Mit den herzlichsten Grüßen auch an die Kinder!

Dein Klaus

Du fragst in den Briefen wiederholt wegen Wintersachen an. Wir sind eigentlich ganz gut versorgt. Ich friere eigentlich bei großer Kälte nur an Händen, Füßen, Ohren und Nase. Gegen kalte Füße ist wohl kaum etwas zu machen. Die Stiefel sind so eng, dass ich keine Filzeinlagen machen kann, aber für die Hände wären Fausthandschuhe und Pulswärmer wohl das richtige und für die Ohren Ohrenklappen. Zum Schutz gegen die vorwitzige Nase gibt es wohl kein Mittel. Sie ist die Infanterie im Gesicht und wird daher wohl die größte Kälte ertragen müssen.

Was Klaus Becker hier nur andeutungsweise beschreibt, ist die Folge der „Führerweisung 39“ vom 8.12.1941, in der Hitler den sofortigen Übergang zur Verteidigung anordnete, um *„dadurch die Voraussetzungen für die Wiederaufnahme größerer Angriffsoperationen im Jahr 1942 schaffen“* zu können. Der Ernst der Lage war immer noch nicht erkannt worden. So zog sich die Heeresgruppe Mitte auf die so genannte „Winterstellung ‘41“ zurück – eine Erfindung der deutschen Propaganda, die suggerieren sollte, dass es sich hierbei um eine stark befestigte Auffanglinie der deutschen Streitkräfte handeln würde. In Wirklichkeit fehlte es der Wehrmacht aber bereits hierfür am nötigen Nachschub an Menschen und Material. Die „Winterstellung“ war nichts anderes als ein mehr oder minder geordneter Rückzug vor der russischen Militärwalze, um einen Durchbruch der Roten Armee durch die eigenen Reihen zu verhindern. Weitere russische Vorstöße oder eine erneute Großoffensive hätte die „Winterstellung ‘41“ sicherlich nicht aufhalten können.

Aber auch ein solcher militärisch absolut sinnvoller und notwendiger Rückzug war in den Augen des „Führers" falsch. Am 16. Dezember verbot Adolf Hitler deshalb jede weitere Absetzbewegung und gab in einer Führerweisung zwei Tage später neue Anweisungen für die Kampfführung im Osten aus. Er ordnete an, dass die Truppen „fanatisch" in ihren Stellungen ausharren sollten.

„An die Heeresgruppe Mitte 1. Der Führer hat befohlen:

Größere Ausweichbewegungen können nicht durchgeführt werden. Sie führen zum völligen Verlust von schweren Waffen und Gerät. Unter persönlichem Einsatz der Befehlshaber, Kommandeure und Offiziere ist die Truppe zum fanatischen Widerstand in ihren Stellungen zu zwingen, ohne Rücksicht auf durchgebrochenen Feind in Flanke und Rücken. Nur durch eine derartige Kampfführung ist der Zeitgewinn zu erzielen, der notwendig ist, um die Verstärkungen aus der Heimat und dem Westen heranzuführen, die ich befohlen habe. Erst wenn Reserven in rückwärtigen Sehnenstellungen eingetroffen sind, kann daran gedacht werden, sich in diese Stellungen abzusetzen."

Einen Tag später, am 19. Dezember, entließ Hitler den Oberbefehlshaber des Heeres, Feldmarschall von Brauchitsch, dem Hitler die Schuld am Misslingen des Feldzugs gab, und übernahm selbst neben dem Oberkommando der Wehrmacht auch noch das Oberkommando des Heeres. Feldmarschall von Bock, Oberbefehlshaber der Heeresgruppe Mitte, wurde beurlaubt und Generaloberst Heinz Guderian, der es gewagt hatte, aus Gründen der Frontbegradigung gegen den „Haltbefehl" des „Führers" zu verstoßen, seines Amtes enthoben.

Doch von diesen schweren Auseinandersetzungen zwischen Generalität und „Führer" wird an der Front nicht viel bekannt. Von Ludwig Sauter, dem wir mit dem folgenden Feldpostbrief zum ersten Mal begegnen, ist uns bis zum Jahr 1943 wenig bekannt. Sauter, der aus Dresden stammte, wurde 1911 geboren, war verheiratet und im Zivilleben Musiker. 1943 kam er zur 294. Infanterie-Division und wurde dort der Nachrichten-Abteilung 294 als Funker zugeteilt. Wegen seiner musikalischen Profession war Sauter wohl an der Aufstellung und dem Betreiben einer Front-Varietébühne beteiligt. Seit 1944 gilt er als vermisst. Am 20.12.1941 meldet er sich allerdings aus Charkow bei seiner Schwester. Auch hier kann man nur zwischen den Zeilen erahnen, wie hart die Kämpfe inzwischen geworden waren:

Mein liebes Schwesterchen!

Nun endlich will ich Deinen letzten Brief beantworten, den ich leider nicht mehr habe, denn die letzten Tage ist wieder einmal alles durcheinander gegangen, außerdem befinde ich mich ausgerechnet wieder einmal Weihnachten im Lazarett in Charkow und liege hier an Gelbsucht usw. Dieses Lazarett ist sehr schön und sauber und das Essen ist sehr gut, wenn auch etwas knapp, aber am schönsten ist das Gefühl, endlich einmal von den furchtbaren Läusen befreit zu sein, denn ich bin hier sofort entlaust worden. Die Ruhe und Entspannung tun mir natürlich auch einmal gut, denn ich habe ja monatelang draußen gelegen mit einem sturen, unvernünftigen und rücksichtslosen Unteroffizier. (...)
Seit 8 Wochen bin ich mit wunden und vereiterten Füßen herumgelaufen und mit den Nerven bin ich auch runter, nun ich werde mich schon verteidigen, wenn es soweit ist.
Nun ist bald heiliger Abend. Hoffentlich kommt die Post hierher. Habe der Komp. geschrieben. An diese traurigen Weihnachten habe ich mich ja nun schon gewöhnt, man erwartet ja sowieso nichts mehr vom Leben, mir ist das Leben noch nie so trostlos vorgekommen wie zur Zeit. Es wäre ja alles noch zu ertragen, wenn man ab und zu einmal auf Urlaub fahren könnte, aber auch das ist vorbei. Urlaub hat begonnen, aber wenn in 1 Woche nur 1 Mann von der Komp. fahren kann, dann kann man sich ja ausrechnen, wie lange es dauert, bis alle einmal drankommen. Also, auch diese Hoffnung ist dahin. Was soll man nun nach Hause zur Frau schreiben, die glauben das ja gar nicht? Ja, von anderen Ländern, da ist es günstiger mit dem Urlaub, aber in Rußland ist alles schwarz. (...)

Der Krieg hat ja ein solches Ausmaß angenommen, das ich persönlich noch mit Jahren rechne, weil der Russe zu stur und zäh ist und bis zum letzten Mann ausgerottet werden muß, dazu kommt die sibirisch-asiatische Frage [Taiga ?],wo sich der Bolschewist jederzeit nach Belieben festsetzen kann.
Ja mein liebes Schwesterchen, sonst gibt es vorläufig nichts Neues. Wünsche Euch allen natürlich ein besseres Neues Jahr. (...) Also, bis zum nächsten Brief die herzlichsten Grüße und Küsse

Dein Ludwig

Es ist die Diskrepanz zwischen militärischer Lage und den eher persönlichen Themen, die zunehmend in den Feldpostbriefen aus diesen Tagen auffällt. Immer weniger berichten die Soldaten vom harten Frontgeschehen – von Angriffen und Rückzugsgefechten, von fehlendem Nachschub und der schwierigen Versorgungslage oder der klirrenden Kälte des russischen Winters. Und vor allem berichten sie nicht von der eigenen Erschöpfung nach monatelangen, harten Kämpfen. Und so schreibt auch Elmar Lieb, der der besonders hart getroffenen Panzergruppe Guderian unterstellt war, am 21.12.1941 an seine Eltern eher vom unauffälligen Soldatenalltag, in dem der Tod der Kameraden nur beiläufig erwähnt wird:

Meine Lieben!

(...) Nun befinden wir uns auf dem Marsch nach einem anderen Abschnitt. Heute morgen traf ich meinen Kommandeur, der mich besonders herzlich begrüßte, da ihn das Gerücht erreicht hatte, ich wäre verwundet. Mir fehlt indes überhaupt nichts, es handelt sich um einen anderen Leutnant unserer Kompanie. Es geht mir also, wie immer, sehr gut. Den weißen Pullover habe ich erhalten, bisher habe ich aber die Trainingsjacke untergezogen, da mir jener sehr warm erscheint. Ich werde ihn während der zu erwartenden empfindlichen Kälte Januar u. Februar tragen. Ich habe nun genug Winterwäsche. Mehr könnte ich beim besten Willen nicht unterbringen.

Das Helmut Mößmer gefallen ist, trifft mich besonders. Pflicht war bei ihm stets groß geschrieben. Aber dieser Einsatz ist die Besten wert oder sollen wir uns von den Japanern übertreffen lassen? (...)

Unsere Soldaten werden z.Zt. in den Briefen ihrer Lieben mit Urlaubsanfragen oder Hinweisen auf den oder jenen, der ebenfalls von der Ostfront „daheim sei" gequält. Der Urlaub steht doch nicht in der Hand des einzelnen. Man führt ja auch nicht Krieg, um in Urlaub zu fahren. (...)

Ich schließe mit den besten Wünschen und herzlichen Grüßen an Euch alle. Grüßt Bekannte u. die beiden Mädchen.

Euer dankbarer Elmar

Es sollte sein letzter Brief sein. Sechs Tage später, am 27.12.1941, fiel Elmar Lieb.

Grabstelle des Offiziers Elmar Lieb in Russland

Aus Charkow meldete sich auch Anton Böhrer am gleichen Tag bei seiner Schwester und berichtete ihr über die Zustände in der Stadt und die Vertreibung der Juden aus Charkow. Offen und freimütig schreibt er darüber:

Meine Lieben!

(...) Wir werden noch voraussichtlich einige Zeit hier sein, was ja nichts schadet. Hier mussten bis zum 19. die Juden das Stadtgebiet verlassen um in ein gesondert zugewiesenenes Industriegelände außerhalb der Stadt zu ziehen. 24000 Stück eine schöne Zahl. Alles zog bei uns vorbei u. ich wünschte nur Ihr hättet einmal einen Tag zugesehen. Ein elendes verlaustes u. dreckiges Gesindel. Viele gingen schon auf dem Marsch zum neuen Heim ein, aber das soll nichts schaden, denn diese Schweine sind an vielem Unheil nach der Besetzung noch schuld. (...) Bis dahin wünsche ich Euch alles Gute u. aufs herzlichste gegrüßt von Eurem dankbaren Sohn u. Bruder

Anton

Weihnachten an der Front! Das war für viele Soldaten ein Tag der Besinnung, des Wehmuts und manch unheilvoller Ahnungen, die allerdings noch immer mit Optimismus einhergingen. Klaus Becker war einer von ihnen. Er schreibt am 24.12.1941, dem Heiligen Abend, an seine Frau:

Im Osten, den 24.12.41

Meine liebe Suse!

Heute ist Weihnachtsabend, und ich sitze weit ab von Euch im fernen Rußland. Wer hätte das im Sommer noch für möglich gehalten! Wir haben uns über die Widerstandskraft der Russen doch alle mehr oder weniger getäuscht. Gerade in letzter Zeit ist es, wie Du aus den Wehrmachtsberichten entnommen haben wirst, wieder recht aktiv geworden, und es wird noch großer Anstrengungen bedürfen, um den Russen niederzuwerfen. Aus diesem Grunde glaube ich weder an ein Herausziehen unserer Abteilung aus Rußland noch an einen allgemeinen Urlaub, der den Russlandkämpfer, während des Winters gegeben werden kann. Denn wichtiger als Urlaub des einzelnen ist ja die Sicherstellung der Truppe mit Verpflegung, Munition, Brennstoff, Bekleidung usw. Deswegen rechne nicht allzu sehr damit, daß ich mal auf Urlaub komme. Umso größer wird dann ja die Ungeduld. Wir gehören nun einmal der Generation ein, die alles Schwere mit durchzukämpfen hat, damit unsere Kinder es einmal besser haben und auch politisch ruhigere Tage sehen als wir sie erlebt haben. Nach dem Frankreichfeldzug habe ich manchmal das Gefühl gehabt, daß uns die militärischen Erfolge zu leicht in den Schoß gefallen seien und daß das für uns als Nation nicht gut sein würde; ich fürchtete, das würde zu einer gewissen Gleichgültigkeit führen und unsere errungene Stellung aufs neue gefährden können. Jetzt haben wir den schweren Kampf, ohne den eine Stellung, wie wir sie erstreben, nicht errungen werden kann. Schwer sind die Opfer, aber der endgültige große Erfolg wird nicht ausbleiben. Davon bin ich mehr denn je überzeugt.

In den Abendstunden dieser Tage denke ich doch mit einer gewissen Wehmut an Euch alle. Was Weihnachten bedeutet, empfindet man doch erst richtig, wenn man Frau und Kinder zu Hause hat. Wie gern denke ich daran, wie die Kinder schon Tage im Voraus aufgeregt waren und besonders kurz vor der Bescherung; wie sie dann den Tannebaum zunächst anstaunten und sich danach mit Inbrunst auf ihre Sachen stürzten und alles nachher begeistert zeigten. Wie schön war es immer bei uns, wenn wir uns nachher ins Wohnzimmer setzten und uns ganz beschaulich in eines der erhaltenen Bücher versenkten oder in den ersten Jahren unserer Ehe noch zu Frau Wäser gingen und fröhlich bei einem Glase Wein saßen. Das alles entbehre ich natürlich in diesem Jahre sehr. Was hilft es da, daß wir sogar einen Tannenbaum haben werden und auch sonst wohl ganz gut mit Schokolade, Zigarren usw. beschert werden. Man empfindet den Gegensatz nur umso mehr und die Sehnsucht zu Euch wird größer. Aber was hilft es alles. Sehr viele haben es sehr viel schlechter als wir. Denn wir sind noch immer beim Stabe und merken von den eigentlichen Kämpfen wenig. Die Front mag von uns 20-30 km entfernt sein. Warm ist es in unserer Bude auch und etwas mehr Platz haben wir jetzt auch, sodass wir hier nichts ausstehen. Die Kälte hat in den letzten Tagen nachgelassen. Dafür ist sehr viel Schnee gefallen. Die Temperaturen schwanken auch hier sehr. An einem Tage haben wir 30° Kälte und am nächsten Tage nur 5 - 6°. Nur Tauwetter tritt hier nicht mehr ein. Der gesamte Schnee bleibt also liegen. (...) Nun seid alle aufs herzlichste gegrüßt. Ich denke stets an Euch!

Dein Klaus

Und auch Anton Böhrer meldet sich am 25.12.1941 aus Charkow noch einmal bei seiner Schwester:

Meine Lieben!

Unsere Weihnachtsfeier, welche wir gestern am Christabend veranstalteten, war für uns alle ein einzigartiges Erlebnis. Die Stimmung in unserem neuen Saal, der von guten Malern sehr schön gestaltet wurde gab ein sehr feierliches Bild ab. Das Programm selbst, das ich zusammenstellte war ein voller Erfolg, da der besinnliche sowie der freie Teil sehr gut sich harmonisch ineinanderfügten. Alle Soldaten wurden ganz groß beschert. Ich ließ aus besparten Beständen Sträuselkuchen backen, wo jeder über die Feiertage zusätzlich zur Verpflegung bekommt. Auch Marketenderwaren waren noch zeitig zur Stelle u. so gab es für jeden einen Schuhwichse oder Zahnpasta oder Hautcreme u. die Hauptsache 3 Tafeln Schokolade u. 75 Zigaretten u. 2 Zigarren. Es konnte sich also niemand beschweren u. jeder freute sich über das äußerst reichhaltige Geschenk. Unsere Spirituosen wollen wir für Sylvester aufheben. (...) Ihr werdet das Fest am Heiligen Abend sicher wieder sehr feierlich begangen haben. Schade, daß ich natürlich nicht in Urlaub kommen konnte. (...) Von Charkoff von den abgebrannten Hotels habe ich auch sehr schöne Aufnahmen gemacht. Die Juden sind nun glücklich ausgewandert. Die ukrainische Bevölkerung hat sich sehr darüber gefreut, denn die Schießerei in der Nacht hat doch nachgelassen. Viele von dem Judenvolk hat natürlich nicht sein zugewiesenes Barackenlager erreicht u. ist schon unterwegs zugrunde gegangen. Diesem Gesindel verdanken wir den ganzen Krieg u. es ist gut, daß sie nun zusammengesperrt werden u. von sich selbst aus zugrunde gehen. Manche Kugel wir gespart u. der Nachschub hat leichtere Arbeit. In diesem Sinne darf man nie ein Erbarmen haben. Ich wünschte Euch nur Ihr hättet diese Gestalten alle gesehen. Z.Z. geht man nun daran die Hunde, die am Anfang noch sehr stark während der Nacht gebellt haben

Rußland, den 31.12.41

(...) Das Wetter ist hier sehr weihnachtlich, lausig kalt und andauernd Schneegestöber, das Wichtigste aber fehlt doch, ich müßte bei Euch sein, dann wär ich zufrieden, aber so ist doch alles sehr mau. Heute Mittag gab es an der Küche hier Graupensuppe mit Hafer; als ich dieses Geschlapps aufhatte, dachte ich so für mich, jetzt müßte ich noch für 2,– RM Teilchen oder Kuchen haben, dann wäre ich richtig satt. Ich habe schon immer mal gedacht, ob Ihr mir nicht mal ein oder zwei Paketchen Puddingpulver schicken könntet, den man so ohne Himbeersaft auch essen kann, Milch könnte ich mir schon irgendwo besorgen. Nur an Zucker müßt Ihr dann denken, der ist fast gar nicht zu kriegen, dann habe ich vielleicht zu meinem Geburtstag mal Gelegenheit, mir einen Pott voll zu kochen, das wäre gar nicht so schlecht. Das Paket mit Spekulazius, das ich vorgestern erhielt, habe ich schon auf, er hat tadellos geschmeckt. Die Dose mit Fleischbrühe ist auch jetzt leerer, die werde ich jetzt als Butterdose benutzen, wenn da ist. Pfefferminztee habe ich schon oft gekocht, das klappt ganz prima, den kann man zur Not auch ohne Zucker trinken. Sonst ist mein Vorrat schon richtig zusammengeschrumpft, na wenn alles auf ist, Mama schickt ja wieder was ja? So nun will ich schließen in der Hoffnung, daß noch alles gesund ist, dasselbe kann ich von mir sagen, seid nun alle recht herzlich gegrüßt bis zum nächsten Brief im nächsten Jahr

Euer Sohn Karl

Und das OKW? Es beschreibt für das Jahresende 1941 im nüchternen Stil der Lageanalysten ein keinesfalls rosiges Bild. Von einem schnellen Ende des „Unternehmens Barbarossa“ konnte keine Rede mehr sein. An allen Frontabschnitten war die Rote Armee zum Gegenangriff angetreten:

„Osten Sowjetrussland H.Gr. Süd: Krim: Bei Feodosia gelang es dem Feind, den Brückenkopf zu erweitern. Im Hafen wurden laufend Truppen ausgeladen. Gleichzeitig mit dem Angriff rumän. Truppen bei Feodosia setzte ein russ. Gegenangriff mit Pz.-Unterstützung ein. (...)

Donez-Becken: Bei der Pz.Armee war die Lage im allgemeinen unverändert, nur im Abschnitt der italienischen Truppen war lebhaftere beiderseitige Angriffstätigkeit. (...) Wetter: Schneefall, -12°.

H.Gr. Mitte: Feindlage: Das Gesamtbild des Feindes ist im allgemeinen unverändert. (...) Front vor Moskau: In der tiefen rechten Flanke der Armee wurde ein Vorstoß des Feindes abgewiesen. In der Gegend südl. und südostw. Judtnow bestand Gefechtsberührung mit feindlichen Spähtrupps. Kaluga wurde planmäßig geräumt. In der neu erreichten Linie bestand nur schwache Gefechtsberührung. Anschließend wurde das planmäßige Zurückgehen zum Einrichten einer Brückenkopfstellung eingeleitet. Der Feind richtete starke Angriffe gegen die Front ostw. Malojaroslawez-Termolino. In Richtung Jermolino konnte er einen stärkeren Einbruch erzielen. (...) Wetter: Klar, -25 bis-35°.“

Bereits zu Beginn des Monats hatte der Oberbefehlshaber der Heeresgruppe Mitte, Feldmarschall von Bock, die Lage sehr viel klarer umrissen. Er meldete am 1. Dezember an das OKH:

„(...) Der Gedanke, dass der Feind vor der Heeresgruppe zusammenbricht, war, wie die Kämpfe der letzten Tage lehren, ein Trugbild! (...) Der eigene Angriff erscheint somit ohne Sinn und Ziel (...) unerlässlich ist geregelte Versorgung und Bevorratung (...) eine geeignete rückwärtige Stellung festlegen und (...) einrichten.“

Der Nimbus der Unbesiegbarkeit der deutschen Wehrmacht war damit zerstört. Schlimmer noch: Hitler hatte mit der „Operation Barbarossa“ mutwillig eine zweite Front im Osten eröffnet, ohne dass England im Westen geschlagen worden wäre, und hatte mit den USA nun einen weiteren Kriegsgegner, dessen Ressourcen noch größer waren als die der Russen. Die zweite Front im Westen hatte daher ausreichend Zeit für ihre eigene Aufrüstung. Der Angriff auf die Sowjetunion barg bereits sechs Monate nach seinem Beginn alle Anzeichen für den drohenden Misserfolg. Und, dies war aufmerksamen Beobachtern schon damals klar, dieser Misserfolg würde den weiteren Verlauf des gesamten Krieges maßgeblich beeinflussen. Im Dezember 1941 wurde vor Moskau somit Weltgeschichte geschrieben.

Literatur

Die in diesem Buch behandelten Feldpostbriefe sind im Internet nachzulesen unter:

www.museumsstiftung.de/feldpost/quelle.html

Nützliche Hinweise über einzelne Einheiten der deutschen Wehrmacht findet man unter:

www.lexikon-der-wehrmacht.de

Kriegstagebuch des Oberkommandos der Wehrmacht (Wehrmachtführungsstab) 1940-1945. Geführt von Helmuth Greiner und Percy Ernst Schramm; hier: Band I: 1. August 1940 – 31. Dezember 1941, zusammengestellt und erläutert von Hans-Adolf Jacobsen, Bernard & Graefe Verlag für Wehrwesen, Frankfurt am Main 1965.

Im Internet zu finden unter:

http://www.archive.org/stream/kriegstagebuchde01jacorich/kriegstagebuchde-01jacorich_djvu.txt

Eine Chronologie des Zweiten Weltkriegs findet man unter:

http://www.panzer-archiv.de

Weiterführende Literatur:

Carl Hans Hermann, Deutsche Militärgeschichte. Eine Einführung, Frankfurt am Main 1968.

Gerhard L. Weinberg, Eine Welt in Waffen. Die globale Geschichte des Zweiten Weltkriegs, Stuttgart 1995.

General Walther K. Nehring, Die Geschichte der deutschen Panzerwaffe 1916-1945, Stuttgart 1974.

Karl J. Walde, Guderian, Berlin 1976.

Anhang

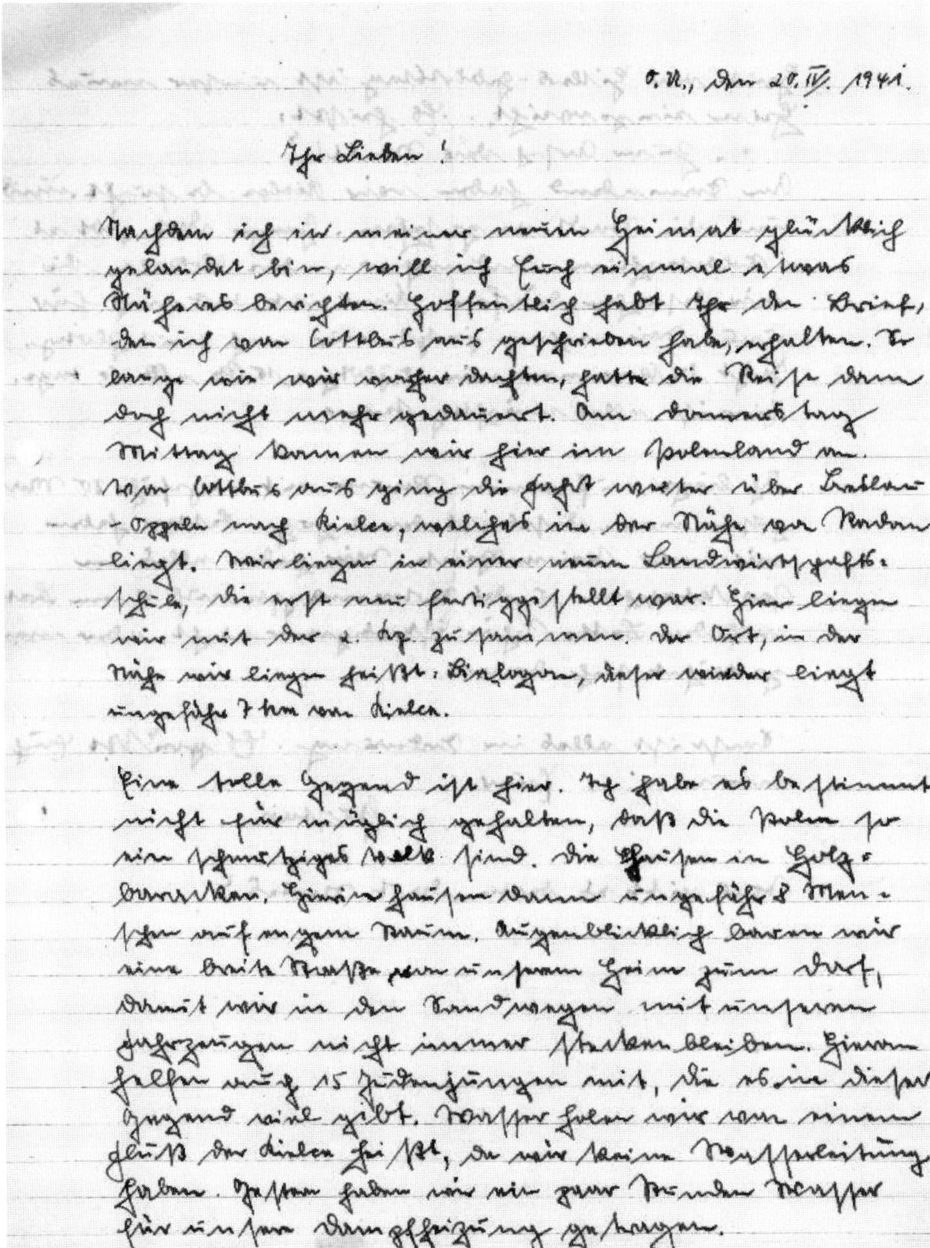

O.U., den 20.IV.1941.

Ihr Lieben!

Nachdem ich in meiner neuen Heimat glücklich gelandet bin, will ich Euch einmal etwas [illegible] berichten. Hoffentlich habt Ihr den Brief, den ich von Cottbus aus geschrieben habe, erhalten. So lange wie wir vorher dachten, hatte die Reise dann doch nicht mehr gedauert. Am Donnerstag Mittag kamen wir hier im Polenland an. Von Cottbus aus ging die Fahrt weiter über Breslau-Oppeln nach Kielce, welches in der Nähe von Krakau liegt. Wir liegen in einer neuen Landwirtschaftsschule, die erst nun fertiggestellt war. Hier liegen wir mit der 2. Kp. zusammen. Der Ort, in der Nähe wir liegen heißt: Bialogon, dieser wieder liegt ungefähr 7 km von Kielce.

Eine tolle Gegend ist hier. Ich habe es bestimmt nicht für möglich gehalten, daß die Polen so ein schmutziges Volk sind. Die Häuser sind(?) Holzbaracken. In einem Häuschen wohnen ungefähr 8 Menschen auf engem Raum. Augenblicklich bauen wir eine breite Straße von unserem Heim zum Dorf, damit wir in den Sandwegen mit unseren Fahrzeugen nicht immer stecken bleiben. Hierzu helfen auch 15 Judenjungen mit, die es in dieser Gegend viele gibt. Wasser holen wir von einem Fluß der Kielce(?) heißt, da wir keine Wasserleitung haben. Gestern haben wir ein paar Kannen(?) Wasser für unsere Dampfheizung getragen(?).

Erste Seite des Briefs von Gustav Böker an seine Eltern vom 20. April 1941

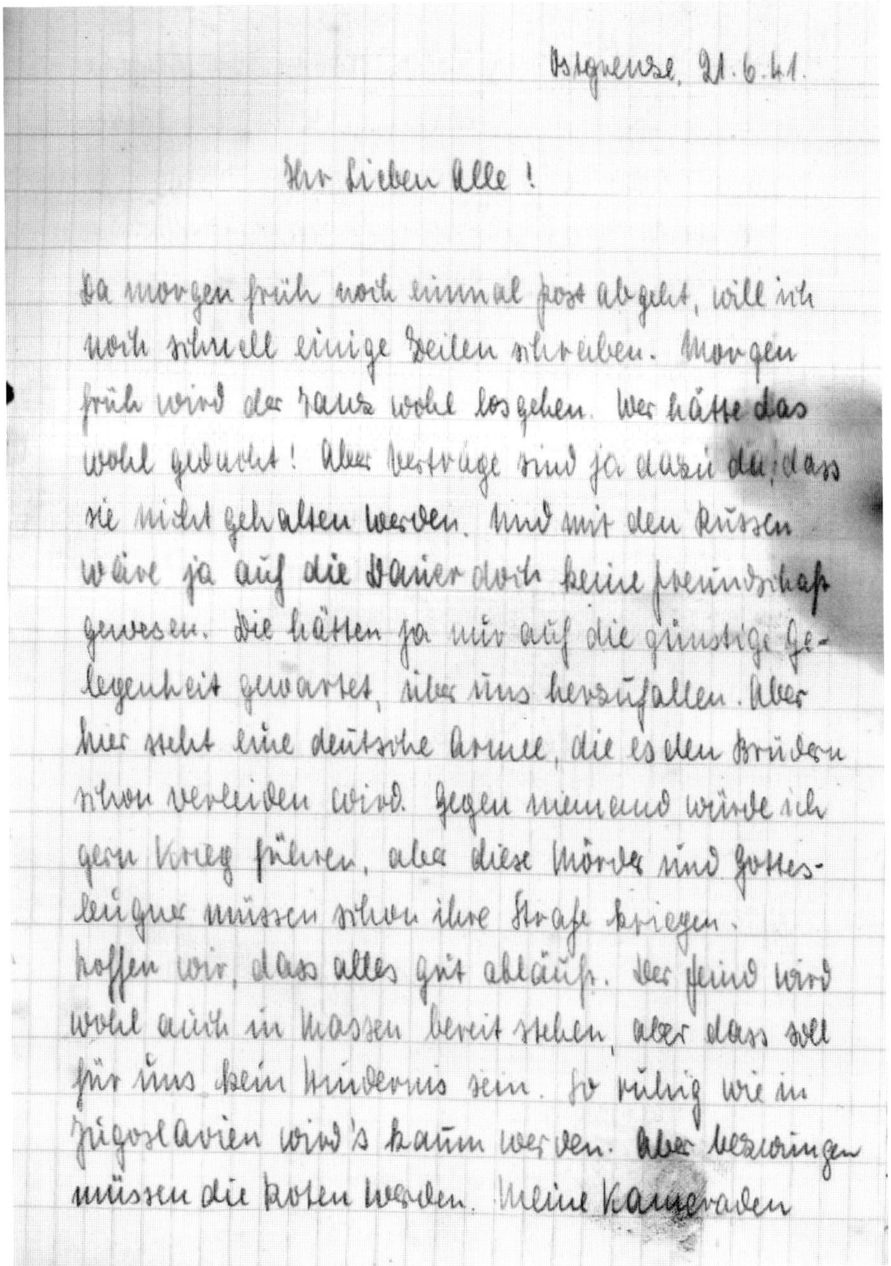

Ostgrenze, 21.6.41.

Ihr Lieben Alle!

Da morgen früh noch einmal Post abgeht, will ich noch schnell einige Zeilen schreiben. Morgen früh wird der Tanz wohl losgehen. Wer hätte das wohl gedacht! Aber Verträge sind ja dazu da, dass sie nicht gehalten werden. Und mit den Russen wäre ja auf die Dauer doch keine Freundschaft gewesen. Die hätten ja nur auf die günstige Gelegenheit gewartet, über uns herzufallen. Aber hier steht eine deutsche Armee, die es den Brüdern schon verleiden wird. Gegen niemand würde ich gern Krieg führen, aber diese Mörder und Gottesleugner müssen schon ihre Strafe kriegen. Hoffen wir, dass alles gut abläuft. Der Feind wird wohl auch in Massen bereit stehen, aber das soll für uns kein Hindernis sein. So ruhig wie in Jugoslavien wird's kaum werden. Aber bezwingen müssen die Roten werden. Meine Kameraden

Erste Seite des Briefs von Franz Siebeler an seine Eltern vom 21. Juni 1941

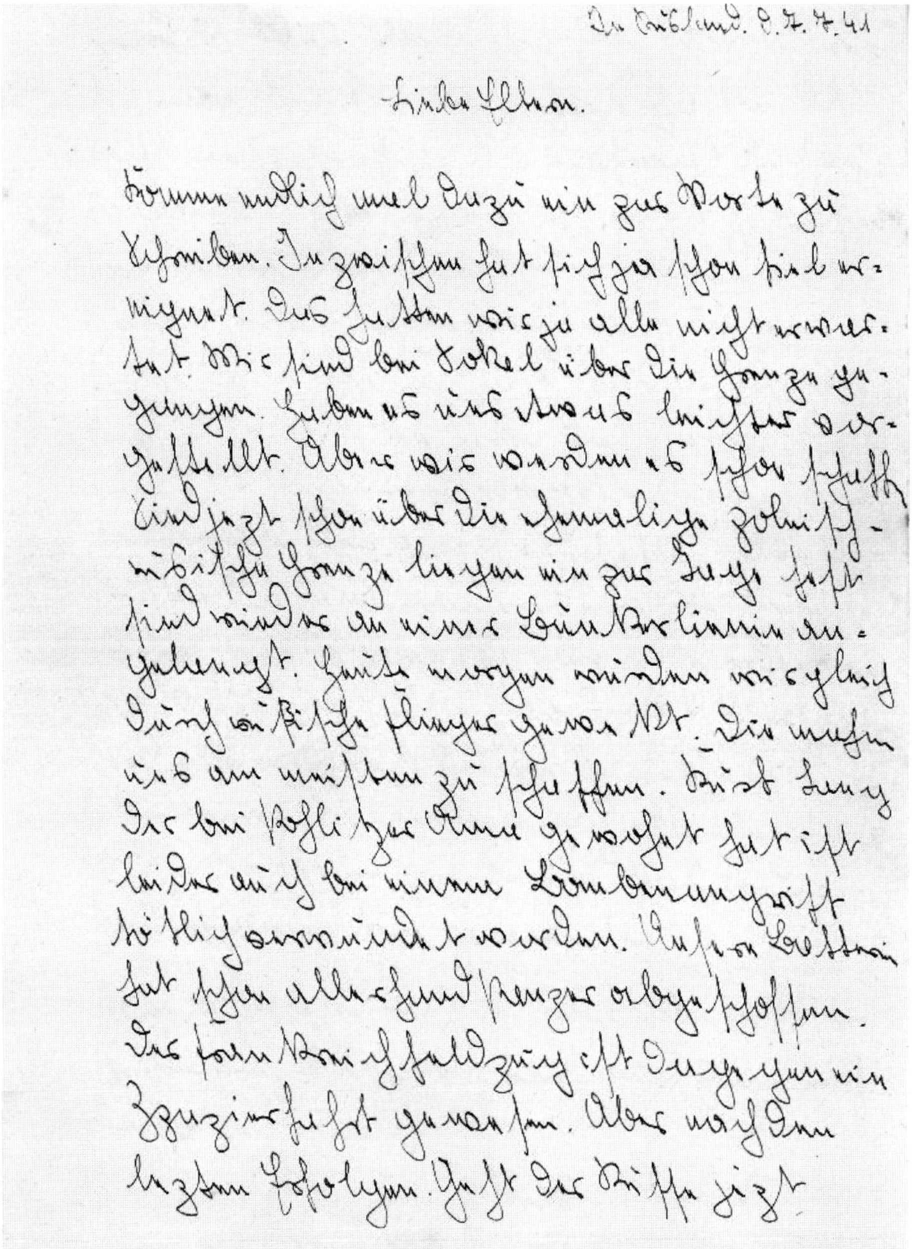
In Rußland. 7.7.41

Liebe Eltern.

Komme endlich mal dazu ein paar Worte zu schreiben. Inzwischen hat sich ja schon viel ereignet. Das hätten wir ja alle nicht erwartet. Wir sind bei [illegible] über die Grenze gegangen. Haben es uns etwas leichter vorgestellt. Aber wir werden es schon schaffen. Sind jetzt schon über die ehemalige polnisch-russische Grenze [illegible] ein paar Tage [illegible] sind wieder an einer Bunkerlinie angelangt. Heute morgen wurden wir gleich durch russische Flieger [illegible]. Die machen uns am meisten zu schaffen. [illegible] der bei [illegible] gewohnt hat ist leider auch bei einem Bombenangriff tödlich verwundet worden. Unser [illegible] hat schon allerhand Panzer abgeschossen. [illegible] ein [illegible] genommen. Aber nach den letzten Erfolgen. [illegible]

Erste Seite des Briefs von Klaus K. an seine Eltern vom 7. Juli 1941

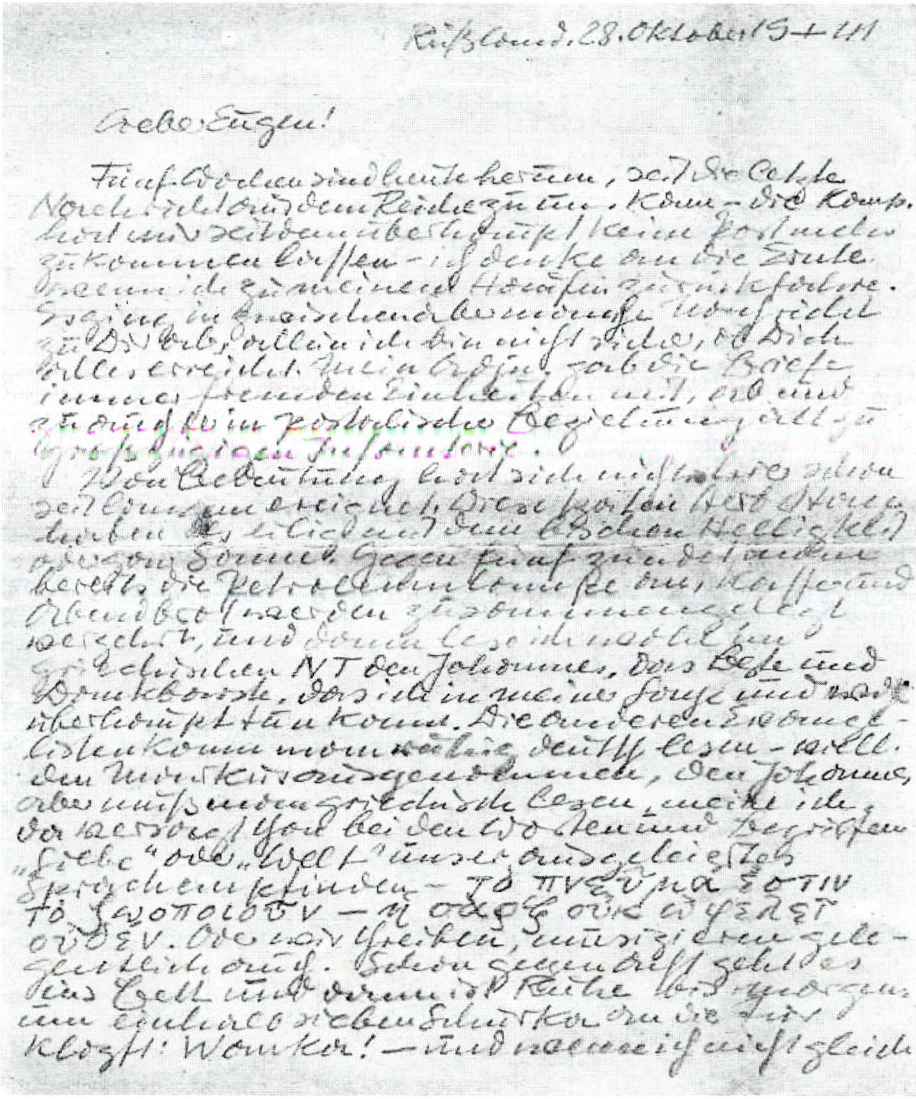

Rußland, 28. Oktober 1941

Liebe Eugen!

Erste Seite des Briefs von Hans Albring an seinen Freund Eugen Altrogge vom 28. Oktober 1941

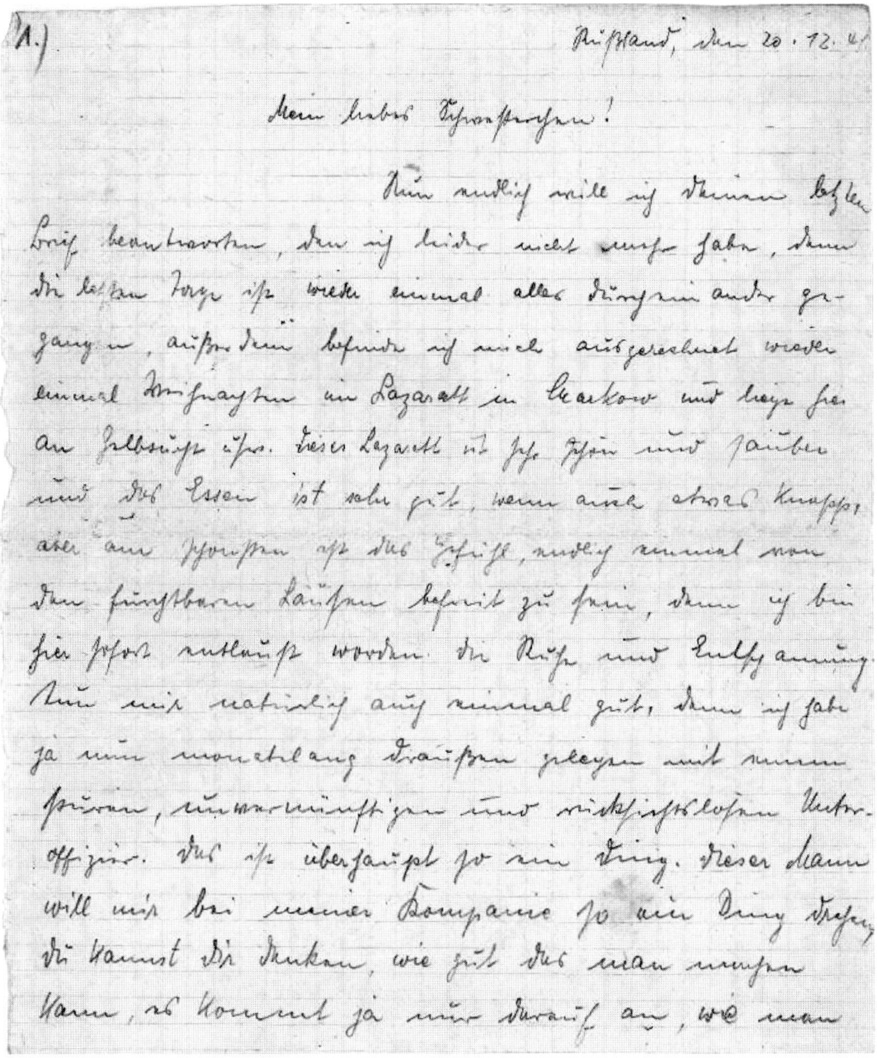

1.) Rußland, den 20.12.41

Mein liebes Schwesterchen!

Nun endlich will ich Deinen letzten Brief beantworten, den ich leider nicht mehr habe, denn die letzten Tage ist wieder einmal alles durcheinander gegangen, außerdem befinde ich mich ausgerechnet wieder einmal Weihnachten im Lazarett in Krakow und liege hier an Gelbsucht usw. Dieses Lazarett ist sehr schön und sauber und das Essen ist sehr gut, wenn auch etwas knapp, aber am schönsten ist das Gefühl, endlich einmal von den furchtbaren Läusen befreit zu sein, denn ich bin hier sofort entlaust worden. Die Ruhe und Entspannung tun mir natürlich auch einmal gut, denn ich habe ja nun monatelang draußen gelegen mit meinem sturen, unvernünftigen und rücksichtslosen Unteroffizier. Das ist überhaupt so ein Ding. Dieser Mann will mir bei meiner Kompanie so ein Ding drehen, du kannst Dir denken, wie gut das man machen kann, es kommt ja nur darauf an, wo man

Erste Seite des Briefs von Ludwig Sauter an seine Schwester vom 20. Dezember 1941